Marie Meimberg

Sei du selbst, alles andere wirst du eh verkacken

PIPER

Zu diesem Buch

Es gibt Augenblicke im Leben, da scheint das Licht für immer verschwunden zu sein. Wenn die große Liebe scheitert, gute Freunde zu Fremden werden oder der Verlust eines geliebten Menschen jede Hoffnung nimmt. Marie Meimberg gibt uns mit ihren illustrierten Geschichten den Mut zurück. Ihre Texte sind nah. Ehrlich. Charmant. Voller Rotwein-Pathos – doch nie ohne Selbstironie. Mal leicht wie ein sommerliches Ratatouille. Mal schwer wie eine große Schüssel Mousse au Chocolat. Doch immer so, dass man sie gerne mit Menschen teilt. Bis die Sonne wieder aufgeht. Und man sich irgendwie besser fühlt.

Marie Meimberg will sich nicht festlegen. Sie singt, schreibt, produziert, organisiert, managed, illustriert und beschränkt sich dabei nicht auf ein Medium: TV, Print, twitter, Radio, YouTube – so lange es nur, wie sie sagt, »geiler Scheiß« ist.
Ihr YouTube-Kanal *mariemeimberg* bildet eine verspielte Schnittmenge aus Musik, Text und animierten Illustrationen, die auch gesellschaftskritische Themen wie Feminismus oder Rassismus nicht ausspart.
Meimberg geht es darum, Räume für Ideen zu schaffen. So vertritt sie als Vorsitzende des Vereins 301+ viele bekannte YouTuber, die sich für Alternativen in der deutschen YouTube-Szene einsetzen und ist seit 2014 die erste Präsidentin der Academy des Deutschen Webvideopreises (WVP).

Marie Meimberg

Geschichten für mehr Mut im Leben

PIPER
München Berlin Zürich

Mehr über unsere Autoren und Bücher:
www.piper.de

Die zitierten Songtexte sind entnommen aus:
S. 20/21, Where Did You Sleep Last Night (Spiritual), interpretiert von Nirvana, DGC Records, 1994.
S. 90/95, La Mer von Charles Trenet und Léo Chauliac.
S. 126, My Heart Will Go On von Will Jennings und James Horner, interpretiert von Céline Dion, Epic Records, 1997.
S. 131, Creep von Radiohead, Albert Hammond und Mike Hazlewood, interpretiert von Radiohead, EMI, 1993.
S. 141/142, Ready Or Not von Nelust Wyclef Jean et al, interpretiert von The Fugees, Ruffhouse Records, 1996.
S. 142, It Ain't Me Babe von Bob Dylan, Columbia Records, 1964.
S. 163, I Want You von Bob Dylan, Columbia Records, 1966.
S. 177, Sunny von Bobby Hebb, interpretiert von Stevie Wonder, Philips, 1966.

FSC
www.fsc.org
MIX
Papier aus verantwortungsvollen Quellen
FSC® C083411

Originalausgabe
1. Auflage März 2016
3. Auflage September 2016

Umschlaggestaltung: Medienbuero Di Stefano, Berlin
Umschlagabbildung und Innenillustrationen: Marie Meimberg
Satz: Fotosatz Amann, Memmingen
Gesetzt aus der Calluna
Druck und Bindung: CPI books GmbH, Leck
Printed in Germany ISBN 978-3-492-30851-9

Ich lüge nicht. Ich erzähl Geschichten.

DER SCHLIMMSTE TAG IN MEINEM LEBEN.

Ich war eine gar nicht mehr so kleine Marie – zumindest fand ich das, mein Vater sah das anders –, da erlebte ich den mit Abstand schlimmsten Tag meines Lebens. Ever. Eigentlich fing er gar nicht übel an. Er fing sogar richtig schön an: Wohlig umkuschelt im Bett meines damaligen Freundes: Hanno Hase. So hieß der zwar nicht wirklich, aber ich nenne ihn hier einfach mal Hanno Hase, weil ich ihn seit sehr langer Zeit nicht mehr gesehen habe, woran ich zu großen Teilen selbst schuld bin. Aber das ist eine andere Geschichte.

Der schlimmste Tag meines Lebens begann auf jeden Fall in seinen Armen. Die Sonne strahlte aufs Bett, und ich war glücklich. Ich hatte noch nicht oft mit jemandem im Bett übernachtet, der nicht meine Schwester oder sonst irgendein Mitglied meiner Familie war. Und erst recht nicht mit meinem Freund.

Das wiederum lag zum einen daran, dass sich in meinem noch recht kurzen Leben einfach nicht allzu viele Möglichkeiten ergeben hatten, einen Freund zu haben. Und zum anderen wollte es mein Papa so gar nicht einsehen – der Tatsache zum Trotz, dass meine Periode mich jeden Monat krampfen ließ und meine Brüste zwar klein, aber durchaus erkennbar herangewachsen waren –, dass aus seiner kleinen Marie so langsam eine größere geworden war. Kurz: Ich hatte absolutes Bei-Hanno-Übernachtungs-VERBOT.

Dazu muss man vielleicht wissen, dass meine Eltern eigentlich sehr entspannte Eltern waren. Alle meine Freunde nannten sie Amy und Klaus, das Du war völlig normal, ich durfte alleine die Welt entdecken, mit meiner Freundin Michi auf dem Tandem durch Deutschland fahren … aber bei Hanno übernachten??! No fucking way! Es gab eigentlich ohnehin nur drei Dinge, die absolut no-fucking-way klargingen: Schlechte Noten. Rauchen. Und eben bei Hanno übernachten.

Nun hab ich mich ja quasi selbst gespoilert. Denn irgendwas musste ja passiert sein, zwischen dem absoluten »Hanno-Übernachtungs-Verbot« und morgens in seinen Armen aufwachen. Und das, was da passierte, ist wahrscheinlich schon in Hunderttausenden anderen Familien passiert und wird auch noch Hunderttausende Male passieren: Ich hatte gelogen.

Denn: Wenn man unbedingt bei seinem Freund schlafen möchte, das aber auf gar keinen Fall ever denkbar ist, dann schläft man halt bei seiner Freundin. In meinem Fall bei der Michi. Und während man sich auf den Weg zur Beste-Freundin-Sleep-over-Schlafanzug-Party macht, biegt man einmal falsch ab und landet – huch – an der Bushaltestelle und steigt aus Versehen in den nächsten Bus ein, der ganz zufällig in Richtung Hanno fährt.

Das klingt jetzt hier ziemlich einfach. Aber wenn man in einem Dorf wohnt, in dem die Mama und der Papa als Dorfärzte quasi eine Art Berühmtheit sind, die – ob man das will oder nicht – automatisch auf einen abfärbt, und all die Omas, die nicht wissen, wohin mit ihrer Oma-Zeit, weil ihr Mann schon gestorben ist und ihnen auf dem Dorf genauso langweilig ist wie all den saufenden oder kiffenden Jugendlichen, was aber wohl leider beides für Omas keine Zeit-Totschlag-Option ist und sie anstatt einfach gemütlich auf der Parkbank einen zu kiffen, sehr viel Zeit in der Sprechstunde meiner Mama verbringen.

Die Sache ist nur die: Wenn man zum Arzt geht, um seine Zeit zu vertreiben. Und nicht, weil man wirklich krank ist, dann muss man da ja irgendwas erzählen können. Einmal habe ich mir zum Beispiel meine Haare knall-

rot gefärbt – für meine Eltern eine völlig okaye Sache – aber für die nicht-kiffenden Dorf-Omas ein ziemlicher Skandal.

Und so wusste meine Mama schon einfach alles über meine neue Frisur, bevor sie mich überhaupt gesehen hatte, weil es ihr den ganzen Tag in der Sprechstunde berichtet wurde. Und genau deswegen war auch höchste Vorsicht geboten, wenn man ganz aus Versehen in den Bus gen Hanno einstieg. Denn wenn auch nur eine der Spitzel-Omas einen sichtete, konnte es trotz nicht mehr roter Haare dazu führen, dass sie in der Sprechstunde etwas sagten wie:

»Ah und d'Tochter isch au scho aufm Weg nach Wangen gwäh heid morge…?!« (An alle Schwaben, verzeiht: Ich habe es bis heute nicht gelernt. Ich bleibe eine neigschmecktä. An alle anderen: Das heißt so viel wie: Ach, und die Tochter war heute Morgen auch schon auf dem Weg nach Wangen?!) – und dann flog alles auf.

Denn meine Mama zeichnet sich nicht nur durch ihren entzückenden französischen Akzent aus, sondern noch viel mehr durch ihre Spürhundnase. Und wenn sie mich gefragt hätte: Warum warst du heute in Wangen? Hätte ich noch die beste Lügen-Performance ever hinlegen können, Amy hätte es sofort gemerkt. Manchmal merkte Mama auch, dass ich verliebt war, bevor ich mir das selber eingestand. Aber nicht nur gefühlstechnisch funktionierte ihre Mama-Spürhundnase. Auch so im klassischen Riech-

Sinn. Manchmal kam sie in mein Zimmer und blieb kurz stehen, atmete dreimal laut durch die Nase ein und fragte, ob ich nicht mal den angebissenen Apfel hinterm Sofa vorholen wolle. Oder dann später auch, ob ich wirklich glaube, sie würde es nicht riechen, dass ich Tabak und Gras in meinem 28 QUADRATMETER GROSSEN (!) Zimmer habe.

Es galt also: Mama-Spürhundnase und Spitzel-Omas vermeiden. Und (YAY!) es gelang – sodass ich am Morgen des schlimmsten Tages meines Lebens in Hannos Armen erwachte und mich außerordentlich gut fühlte. Und Hanno offensichtlich auch. So gut, dass wir taten, was man tut, wenn man mit jemandem im Bett liegt und sich außerordentlich gut fühlt. Wir taten es mit Gummi, denn, wenn man offiziell absolutes Hanno-Übernachtungs-Verbot hat und die eigenen Eltern gleichzeitig die eigenen Hausärzte sind, ist es schwer zu erklären, warum man die Pille haben will. Wir lagen also im sonnendurchfluteten Zimmer. Im Bett. Taten es. Und ich war ein sehr glückliches Mädchen. Bis Hanno fluchte. Und ich erschrak. Denn Hanno fluchte nur, wenn er Auto fuhr oder seine Fußballmannschaft verlor. Ansonsten war Hanno ein sehr friedlicher Mensch, der sich trotz seiner (auf mich unfassbar anziehend wirkenden) coolen Art sehr galant ausdrückte. Und dann das: »Verfickte Votzenscheiße. Fuck. Fuck. Fuck.«

Da lag ich also. Im sonnendurchfluteten Bett. Und fühlte mich auf einmal gar nicht mehr so außerordentlich gut.

»Äh, alles okay?« Fragte ich. Äußerst bescheuert. Als ob jemand »Verfickte Votzenscheiße. Fuck. Fuck. Fuck« sagt, wenn alles okay ist. Als würde man morgens im sonnendurchfluteten Bett liegen, und der eine so, verliebt säuselnd: »Guten Morgen« – und der andere so, voll verliebt und mit weicher Stimme: »Verfickte Votzenscheiße. Fuck. Fuck. Fuck.«

Es dauerte einen Moment, bis Hanno klar wurde, dass mir überhaupt nicht klar war, was hier gerade geschah. Und als es ihm klar wurde, da verwandelte sich sein Gesicht von einem »Verfickte Votzenscheiße. Fuck. Fuck. Fuck«-Ausdruck in einen »Du musst jetzt ganz stark sein«-Ausdruck. Ganz ehrlich, der machte mir noch viel mehr Angst. »Der Gummi. Der. Also. Ähm. Der ist gerissen.«

Und BÄM. ZACK. Er hatte sich verwandelt. Der wunderschöne Morgen. Im Sonnenbett. Wie dunkle Gewitterwolken rasten meine Gedanken. Denn dieser Satz bedeutete so viel mehr als nur: »Der Gummi. Der. Also. Ähm. Der ist gerissen.«

Es gibt so Sätze, die man nie vergisst. Meistens sind das eher so epische Kaliber wie: »Ich bin ein Berliner.« Oder: »I have a dream.« Manchmal ist es aber eben auch wahre Dichterkunst. Wie: »Der Gummi. Der. Also. Ähm. Der ist gerissen.«

DER GUMMI. DER. ALSO. ÄHM. DER IST GERISSEN …

Ein paar Worte. Aneinandergereiht. Zu einem ganz besonderen Zeitpunkt. Und alles verändert sich. Mal die Weltgeschichte. Mal mein gerade noch perfekter Morgen: Ein »Der Gummi. Der. Also. Ähm. Der ist gerissen«. Und zack. Da ist er. Der schlimmste Tag meines Lebens.

Wer nun denkt: Übertreib mal nicht, du angeblich gar nicht mehr so kleine Marie, dem möchte ich an dieser Stelle »Verfickte-Votzenscheiße-Fuck-Fuck-Fuck-WOHL!!!« entgegnen. Und einige Argumente zu meiner These hinzufügen:

1. Ich bin ein junges Mädchen mit wenig sexueller Erfahrung, und mein Freund teilte mir soeben mit, dass der Gummi »Also. Ähm. Gerissen« sei.
2. Auch wenn ich ein junges Mädchen mit wenig sexueller Erfahrung bin, bin ich nicht bescheuert. Ich weiß, dass ich auf keinen Fall schwanger werden will. Und dass ich die Pille danach brauche. Das fühlt sich schäbig an. Weil ich wirklich keine Sekunde daran zweifle, dass ich absolut auf keinen Fall ever jetzt schwanger werden möchte.
3. Ich brauche die Pille. Und es ist Wochenende. Das bedeutet: Es gibt auf dem Land weit und breit nur eine

Möglichkeit, an ein Rezept zu kommen: Man muss zum diensthabenden Arzt.

4. Das ist an diesem Wochenende mein Papa.

Ich fasse zusammen: Ich schlafe bei meiner besten Freundin Michi. (Nicht.) Der Gummi ist also ähm gerissen. Ich brauche die Pille danach. Mein Papa (der mit dem absoluten Hanno-Übernachtungs-Verbot) ist der einzige diensthabende Arzt. Weit und breit. Merkste selber jetzt!

Ich liege also im immer noch sonnendurchfluteten Bett. Und möchte sterben. Mir ist unfassbar übel. Und ich habe zum ersten Mal in meinem Leben das Gefühl, dass NICHTS geht. Gar nichts. Ich liege einfach da. Und habe das Gefühl, mein Bauch frisst mich gleich auf. Irgendwie wäre mir das auch gar nicht so unrecht, denn ich weiß einfach absolut gar nicht, wie es jetzt weitergehen soll.

Also starre ich einfach nur an die Decke. Und mache Hanno dadurch noch mehr Angst, als er mir mit seinem Gefluche. So liege ich da. Ich hab keine Ahnung, wie lange. Weil ich ja gefühlt von meinem Bauch aufgefressen werde und in meinem Magen so eine Art zeitloses Paralleluniversum zu existieren scheint – oder eher ein schwarzes Loch. Aber egal. Ich liege auf dem Bett und starre ins Nichts.

Bis sich aus dem Nichts plötzlich Konturen bilden. Denn direkt über dem Bett ist Hannos Dachschräge. Sie ist aus Holz, und manchmal, wenn ich nicht gerade damit beschäftigt bin, mich von meinem eigenen Bauch auffressen zu lassen, um in mein Schwarzes-Magen-Loch zu verschwinden, forme ich mit meinem Körper eine Kerze und strecke

die Beine an die Dachschräge. Dabei kippt mein Kopf etwas nach hinten. Und ich sehe das Muster im Holz. Das immer selbe Muster.

Es sieht ein bisschen aus wie ein Wurm. Und wenn ich nicht gerade denke, ich müsse sterben, weil ich UNMÖGLICH meinem Papa sagen kann: »Hey, weißt du noch, als ich sagte, ich würde bei Michi schlafen? Haha, das war eine Lüge. Und weißt du noch, als du sagtest, ich dürfe auf keinen Fall bei Hanno übernachten? Haha, hab ich trotzdem gemacht. Und weißt du noch, wie du dachtest, ich sei noch Jungfrau, also bis gerade eben in dieser Sekunde? Haha, das bin ich nicht. Und weißte noch was? Ich brauch die Pille danach. Und weißte auch, von wem? Von dir!« – dann mag ich den Wurm. Er ist einfach immer da. Und vielleicht bin ich seltsam, aber manchmal führe ich eine Art inneres Gedankengespräch mit ihm.

Ich liege also im Bett, starre ins Nichts, möchte sterben, und auf einmal ist er da. Der Wurm.

Um alle Happy-End-Liebenden hier schon mal zu enttäuschen: Der Wurm hat mir nicht mitgeteilt, dass alles gut wird, weil er ein verwunschener Prinz ist, der auf einem Einhorn zurück in die Zeit reisen und Also-Ähm gerissene Gummis flicken kann. Und ich bin auch nicht durchgedreht oder so. Aber dieser Wurm. Der bedeutete irgendwie Heimat. War ein Anker. Ich hab ihn einfach nur angesehen, den Wurm. Und hatte etwas, woran ich mich festhalten konnte.

An Menschen hielt ich mich ungern fest. Nicht, dass ich ihnen nicht vertraute. Aber irgendwie fühlte ich mich wohler dabei, nur mich selbst zu halten. Es gab eigentlich nur einen Menschen, den ich in absoluten Notfällen anrufen wollte. Mein »Wer-wird-Millionär-Alltags-Joker« quasi. Selbst wenn ich eines Morgens ohne Essen auf dem Mars aufwachen würde – und aus Marsstaub eine Rakete bauen müsste, um wieder zur Erde zurückzukommen: Er wüsste bestimmt, wie man ne Mars-Rakete baut. Und er würde keine dummen Fragen stellen, wie ich denn jetzt auf dem Mars gelandet sei. Und ob ich auch mal daran gedacht hätte, dass andere Menschen sich vielleicht Sorgen um mich machen könnten. Nein. Er würde ohne viel Gefühlspalaver seine Marie-Mars-Mission rocken und mich danach auf ein Bier einladen. Guter Mann. Der Freund meiner Schwester: Christof. Sie waren schon seit Ewigkeiten zusammen. Und er für mich wie der große Bruder, den ich nicht hatte.

Aber sonst? Sonst gab es eben Würmer. Im Holz. Oder den großen Wagen.

Nennt mich verrückt. Aber ich habe das bis heute. Es gibt einfach Dinge, die mir ein gutes Gefühl geben. Egal, ob ich einsam bin, oder traurig, oder ängstlich, sie machen, dass ich irgendwie wieder mehr ich bin. Und so war das auch heute. Der Wurm war einfach nur da. Und ich wollte nicht mehr sterben. Mir war immer noch übel. Und ich wusste immer noch, dass das alles völlig unmöglich war. Aber irgendwie konnte ich mich wieder bewegen. Ich lächelte den Wurm an. Nickte ihm zu und sagte zu Hanno: »Bring mir mal ne Kippe von deinem Bruder. Und dann fahr mich nach Hause.« Hanno schaute mich verdattert an. Und ich muss zugeben, ich war selbst etwas überrascht über das, was ich mich selbst sagen hörte. Denn erstens rauche ich überhaupt nicht. Und zweitens war die Vorstellung, nach Hause zu fahren, immer noch völlig unmöglich. Aber anscheinend war die Kraft des Holzwurms mit mir, und Hanno tat, worum ich ihn gebeten hatte.

Im Auto sprachen wir kein Wort. Hanno sah überhaupt gar nicht so cool aus wie sonst. Und tat mir irgendwie leid. Ich legte meine Hand auf seine Rechte, die schwitzig am Steuerknüppel ruderte, und war seltsam ruhig. Ich fuhr direkt in die Hölle. Und lächelte. Ich kramte im Handschuhfach und fand die NIRVANA MTV UNPLUGGED-Kassette, schob sie in die nigelnagelneue Anlage und drehte die Lautstärke auf. Eigentlich war das immer der Moment, in dem Hanno anfing, laut mitzusingen, und wir grölend durch die Pampa fuhren, denn seine Anlage war sein ganzer Stolz. Er hatte den kleinen roten Peugot 205 von meinem Papa abgekauft. Und dann eine Anlage reingebaut, die fast so groß war wie das ganze Auto. Wenn man den Bass aufdrehte, vibrierte der Sitz, und das ganze Auto wippte mit dem Sound. Ich liebte das. Doch heute sang ich alleine:

»My girl,
my girl,
don't lie to me –
Tell me where did you sleep last night.«

Ich kurbelte das Fenster runter. Und zündete mir sehr ungelenk die geschnorrte Kippe an. Und musste husten. Es schmeckte wirklich überhaupt gar nicht gut. Und dennoch rauchte ich weiter.

»My girl,
my girl,
where will you go –
I'm going where the cold wind blows.«

Ich sang. Und rauchte. Und sang. Und rauchte. Bis ich feststellte, dass ich viel lieber singen als rauchen wollte. Also schnippte ich die Zigarette aus dem Fenster und brüllte: »In the pines, in the pines – Where the sun don't ever shine – I would shiver the whole night through« – bis ich von lautem Hupen unterbrochen wurde.

Das Auto hinter uns flippte völlig aus. »Alter, was will der denn? So ein Arschloch!« waren Hannos erste Worte auf unserer Fahrt. Doch das schien das Auto hinter uns nicht zu beeindrucken. Es drängelte. Hupte. Und war offensichtlich unfassbar sauer. Dabei war Hanno ein echt guter Autofahrer und hatte absolut gar nichts falsch gemacht. Das aber schien dem Auto hinter uns völlig egal. Es fuhr immer dichter auf. Und Hanno fluchte wild. Ich wollte gerade mit einsteigen. Doch mein »Was will der Depp?!« blieb mir im Hals stecken. Denn der Depp. Im Auto hinter uns. Das war mein Papa.

Und plötzlich war es wieder da. Das Gefühl, mein Magen fräße mich auf. Denn noch viel schlimmer, als meinem Papa sagen zu müssen:

»Hey, weißt du noch, als ich sagte, ich würde bei Michi schlafen? Haha, das war eine Lüge. Und weißt du noch, als du sagtest, ich dürfe auf keinen Fall bei Hanno übernachten? Haha, hab ich trotzdem gemacht. Und weißt du noch, wie du dachtest, ich sei noch Jungfrau – also bis gerade eben in dieser Sekunde? Haha, das bin ich nicht. Und weißte noch was? Ich brauch die Pille danach. Und weißte auch von wem? Von dir!«

– war die Vorstellung, es ihm nicht selbst sagen zu können. Aber hey. Wenn es schon scheiße läuft, dann doch gleich so richtig. Reicht ja nicht, dass jetzt gleich die ganze Jungfrauen-Michi-Übernachtungsnummer platzt, wie ein also ähm gerissener Gummi. Reicht ja nicht, wenn dann noch die Pille-Danach-Geschichte oben drauf kommt. NEIN! Drama, Baby! Lass mal noch ne Kippe aus dem Beifahrerfenster schmeißen. Damit die Sache so richtig fetzt!

Wo war dieser scheiß Wurm, wenn man ihn brauchte?!?!

Als das Auto, in dem mein Papa saß, uns überholte und er fluchend aus dem Fenster schrie: »WIR SEHEN UNS GLEICH ZU HAUSE! ICH GLAUB, ICH SPINN!« – wurde mir klar, dass Papa die ganze Geschichte ja noch gar nicht kannte.

Für ihn stand bisher fest:

Marie sagt, sie schläft bei Michi.

Marie sitzt am nächsten Morgen in

seinem alten – jetzt Hannos Auto (womit die Übernachtungslüge entlarvt sein sollte). Und: Marie raucht. In Papas Welt eine legitime Grundlage, völlig stinksauer zu sein. Und zu glauben, er spinne. Der wahnsinnig witzige Turning-Point mit der Pille danach, der stand ihm noch bevor. Oh. Liebes Schwarzes-Magen-Wurmloch, bitte verschlinge mich. JETZT!

Als wir die Auffahrt unseres Hauses erreichten, sang Kurt: »Come as you are, as you were, as I want you to be. As a friend, as a friend, as an old enemy.« Mein Papa wartete schon auf uns. Ich stieg aus. Wie in Trance. Hanno nahm meine Hand, und ich weiß gar nicht, wer sich an wem festhielt, als wir auf Papa zugingen. Der sah Hanno an und sagte sehr laut. Und sehr bestimmt: »So, mein Freundchen. Du fährst jetzt nach Hause. Und kommst erst wieder, wenn ich dir das erlaubt habe!« Hanno wollte widersprechen. Aber ich nickte ihm nur zu. Es hatte keinen Sinn. Da musste ich jetzt alleine durch.

Das leise Klacken, als die Haustür hinter mir ins Schloss fiel, war wie ein Startschuss. Als hätte eine Art übernatürlicher Regisseur meinem Papa gesagt: »Wenn du das hörst, gib alles, lass alles raus, fühle deine Wut, und werde eins mit ihr.« Ich stand einfach nur da und ließ es über mich ergehen. Wahrscheinlich hätte ich schon lange Rotz und Wasser geheult ... hätte ich nicht gewusst, dass das alles erst der Anfang war. Aber wann sagt man einem völlig zu Recht schreienden, sehrsehrsehr wütenden Papa, dass er mal kurz die Luft anhalten soll, weil all die Wut, die er jetzt spürt, nur das Vorspiel ist. Ich stand da. Ließ mich beschimpfen. Und wartete. Doch der Moment kam nicht.

Ich meine, mal ehrlich, zwischen »UNSER VERHÄLTNIS BASIERT AUF VERTRAUEN. ES GIBT WENIGE REGELN. DU HAST ALLE FREIHEITEN, DIE MAN SICH WÜNSCHEN KANN. UND DANN GEHST DU HIN UND BETRÜGST UNSERE BASIS. UNSER VERTRAUEN. EINFACH ALLES!« UND »WENN DEINE MAMA JETZT HIER UND NICHT IN FRANKREICH WÄRE – DU HÄTTEST IHR HERZ GEBROCHEN« ist einfach nicht der richtige Moment, um zu sagen:

»Lieber Papa, ja, ich sehe deinen Punkt, möchte an dieser Stelle jedoch kurz um deine Aufmerksamkeit bitten. Aufgrund eines. Also. Ähm. Gerissenen Gummis bräuchte ich von Dir bitte ein Rezept für die Pille danach.«

Die Sache ist nur die. Es gibt überhaupt keinen richtigen Moment für eine gar nicht mal mehr so kleine Marie, ihrem Papa das zu sagen. Und das wurde mir irgendwann klar. Also sagte ich es einfach, in einem der vielen unpassenden Momente. Erst sehr leise. »Papa, ich brauche die Pille danach.« Dann, weil er einfach weiterschimpfte. Lauter. »Papa, ich brauche die Pille danach.« Und auf einmal wurde es still. Ich hatte erwartet, dass die Schimpftirade lauter wird. Und Papa noch böser. Aber er schaute mich einfach nur an. Und sagte. Gar. Nichts.

Dann nahm er seinen Schlüssel. Und ging.

Als die Haustür dieses Mal ins Schloss fiel, war das mein

Zeichen. Erst kullerten mir ein paar vereinzelte Tränen über die Wange. Dann weinte ich. Bitterlich. Ich sackte auf der Treppe zusammen und heulte. Ich heulte. Und heulte. Und war irgendwann nichts weiter als ein schluchzender Rotz-Tränen-Treppen-Knäuel. Die Welt war furchtbar. Mein Papa schrecklich gemein. Und ich allein. So allein. Irgendwann ließen mich sogar die Tränen im Stich. Es kam einfach nichts mehr raus. Also schluchzte ich nur noch. Und bemitleidete mich. Für einfach alles. Was für ein Scheißtag! Verfickte Votzenscheiße. Fuck. Fuck. Fuck!

Ich tat mir selbst so unfassbar leid, dass ich gar nicht bemerkte, wie Christof mit einer Decke vor mir stand. Er nahm mich hoch, brachte mich zum Sofa, deckte mich zu und strich mir über den Kopf. Dann ging er wieder. Irgendwann kam meine Schwester. Brachte mir die Pille danach, etwas zu trinken und lächelte mich an: »Was für ein Scheißtag, was?« Ich nickte nur. Nora ging. Und ich fand meine Tränen wieder.

Irgendwann muss ich wohl eingeschlafen sein. Als ich wach wurde, war es bereits dunkel draußen. Meine kleinen Brüste spannten und taten weh. Ich hatte gelesen, dass das eine Nebenwirkung der Pille danach sein konnte. Und ich hatte Hunger. Unfassbaren Hunger. Ich richtete mich auf und rieb mir den Schlaf aus den verheulten Augen. Da kam Papa ins Zimmer. Er hatte ein Tablett mit Leberwurstbroten, Kakao und Salzstangen dabei. Ohne ein Wort zu sagen, stellte er das Tablett vor mir auf den Couchtisch.

Und setzte sich neben mich aufs Sofa, griff zur Fernbedienung der Anlage und schaltete sie ein.

So saßen wir da. Aßen schweigend Leberwurstbrote. Und Jackson Brown sang: »Looking out at the road rushing under my wheels – Looking back at the years gone by like so many summer fields – In sixty-five I was seventeen and running up 101 – I don't know where I'm running now, I'm just running on«, und dann sangen wir alle drei. Der Jackson. Der Papa und ich: »Running on, running on empty – Running on, running blind – Running on, running into the sun – But I'm running behind«, und ich traute mich zum ersten Mal, Papa wieder in die Augen zu schauen.

Und da wurde mir eines klar. Ich war nicht die Einzige, die geweint hatte. Denn wenn heute der schlimmste Tag in meinem Leben war, so war er auch der allerallerschlimmste Tag im Leben meines Papas. Und dann musste ich lachen. Und Papa auch. Und der schlimmste Tag in meinem Leben war auf einmal gar nicht mehr so schlimm. Weil es nicht mehr nur um mich ging. Der Tag war nicht mein Tag, er war einfach nur ein Tag. Vielleicht nicht einer wie jeder andere. Aber einer, der eine Geschichte wert war. Und der meinen Papa und mich auf seltsame Art einander nähergebracht hatte. Einfach, weil wir uns beide einen Tag teilten. Der unser beider schlimmster Tag unseres Lebens war.

MANCHMAL IST SCHEIßE PLUS SCHEIßE GLEICH SUPERSCHEIßE minus SCHEIßE!*
*= SUPER

DER EIN-WUNSCH-WUNSCHZETTEL

Als ich eine sehr kleine Marie war und Weihnachten vor der Tür stand, hatte ich genau einen einzigen Wunsch.

Das war wirklich besonders. Weil man in diesem Alter eigentlich Tausende Wünsche hat. Die sich meist auf Spielzeugkram beziehen, für den man sich dann Jahre später etwas schämt.

Auch ich hatte einige dieser Plastikspielzeug-Dinge im Sinn. Dachte aber, wenn ich mir einfach nur eine einzige Sache wünsche, muss mir wer auch immer für diese Sache mit den Geschenken an Weihnachten verantwortlich ist diesen Wunsch ja einfach erfüllen.

Wir wohnten damals in einer Wohnung, die gemeinsam mit anderen Wohnungen eine Art Kommunenhaus bildete, in dem sehr viele andere junge Menschen mit Kindern lebten, die sich oft alle gemeinsam trafen und bunte »ATOMKRAFT, NEIN DANKE«-Transparente für irgendwelche Demos malten.

An Ostern zum Beispiel. Die Osterdemo gehörte für mich zu Ostern wie das Schokoladenhasensuchen, oder das Bunte-Eier-Stoßen am Osterfrühstück. (Das geht so, dass sich jeder am Tisch ein hartgekochtes Osterei aussucht und man dann auf »Eins-Zwei-Drei« die Spitzen aneinanderschlägt. Wessen Ei kaputt geht, hat verloren.)

Auch als wir ein paar Jahre später nach Süddeutschland aufs Dorf zogen, wollte ich Ostern wieder so feiern, denn ich vermisste die Transparente. Als ich am Ostermorgen aufstand und noch im Schlafanzug auf unsere Terrasse trat, sah ich all meine Kindergartenfreunde und ihre Eltern in einer Demo an unserem Haus vorbei-

gehen. Ich war total traurig, dass wir nicht dabei waren, flitzte in mein Zimmer, malte diese rote Zacken-Atmokraft-Nein-Danke-Grinse-Sonne auf ein gelbes Blatt, schnappte mir einen Stuhl, zerrte ihn auf die Terrasse, stellte mich samt Plakat darauf, hielt es in die Luft und winkte schreiend den Demonstranten zu. Wahrscheinlich hatten meine Eltern wegen dem ganzen Umzugsstress einfach vergessen, dass heute Demo war, dachte ich. Und war froh, meinen Beitrag wenigstens hier vom Stuhl aus zu leisten.

Und so winkte ich, pfiff und schrie: »Wasser, Wind und Sonne! Atomkraft in die Tonne!« Und: »Eins, zwei, drei und vier: Heute demonstrieren wir! Fünf, sechs, sieben, acht: Die AKWs wer'n dichtgemacht! Und natürlich neun und zehn: Die Lobby soll zum Teufel geh'n!«

Ich muss meine Arbeit als Nachwuchsaktivistin sehr gut gemacht haben, denn ich bekam viel Aufmerksamkeit von den Demonstranten.

Leider wollten sie alle nicht so richtig mitmachen. Und sangen stattdessen traurige Lieder. Ich gab erfolglos wirklich alles, um die Leute zu aktivieren, und irgendwann standen dann meine Eltern neben mir. Endlich jemand, der mit mir etwas Stimmung in die müde Nummer bringt, dachte ich. Doch statt mitzurufen und zu schreien, wurden beide etwas rot im Gesicht. Und mussten dann sehr doll lachen. »Komm mal besser mit rein, Mariechen«, sagte meine Mama. Strich mir über den Kopf und winkte den Demonstrierenden etwas verschämt zu. Drinnen angekommen, verlangte ich eine Erklärung. Warum waren wir nicht da draußen? Mit all den anderen Demonstranten? So wie früher in Heidelberg? Warum musste sich alles ändern? Mein Papa kniete sich vor mich und sagte: Die Menschen hier demonstrieren gar nicht. Das da draußen, das ist keine Demo. Das ist eine Osterprozession. Und du, meine kleine Aktivistin, hast die ganz schön aufgemischt!

Ich wusste nicht, was eine Osterprozession sein sollte, aber wenn die da keine Transparente hatten und nur so traurige Lieder sangen, wollte ich eh nicht mitmachen.

Aber das war erst ein paar Jahre später. Wir noch in unserer politischen Wohngemeinschaft. Ostern nicht das Thema. Sondern Weihnachten. Und mein Ein-Wunsch-Wunschzettel.

Der hing eines Morgens im Dezember an unserem Kühlschrank. Meine Freundin Anna, die schon schreiben konnte, hatte mir dabei geholfen (indem sie mir den Text vorgeschrieben und ich ihn abgemalt hatte), und ich war sehr stolz auf das Ergebnis, welches ich mit schönen Zeichnungen verzierte.

So hing er da. Neben dem Friedenstauben-Aufkleber und dem NAZIS HABEN KLEINE SCHNIEPEL-Sticker.

Daneben hatte ich kleine schwarze Mädchen mit großen roten Mündern gemalt. Ich fand, dass das meinen Wunsch noch mal ganz gut erklärte, und war deswegen wirklich überrascht, wie überrascht, geschockt und vor allem verwirrt meine Eltern auf meinen Wunschzettel reagierten. Sie waren so verwirrt, dass sie sogar versuchten, meinen Ein-Wunsch-Wunschzettel vor Wolfgang und Susanne aus dem Haus zu verstecken, als sie spontan zum Frühstück vorbeikamen. Wahrscheinlich, dachte ich mir, weil die Kinder unserer Freunde sich sehr viele Plastiksachen wünschten und meine Eltern nicht so sehr mit mir angeben wollten. Aber ich hatte mir wirklich viel Mühe gegeben. Und da ich schon ein kleines Angeberkind war, beschloss ich, die Sache selbst in die Hand zu nehmen. Die Erwachsenen saßen am Tisch und sprachen beim Essen über irgendwelche Hungersnöte in der Sahelzone. Ich fand das mit dem Hungern auch nicht gut, aber ich hatte wirklich sehr lange an meinem Ein-Wunsch-Wunschzettel gearbeitet und fand, dass er ein bisschen Aufmerksamkeit verdient hatte. Und so holte ich ihn aus dem Schlafzimmer meiner Eltern und präsentierte ihn der Frühstückstischrunde. Susanne sprach gerade von irgendwelchen Privilägen oder so was, doch als sie mein Meisterwerk von einem Ein-Wunsch-Wunschzettel sah, hörte sie auf zu reden und war offensichtlich beeindruckt. Denn ihre Augen wurden ganz groß, und sie verschluckte sich sogar ein bisschen vor Begeisterung. Doch meine Eltern schienen nicht so glücklich zu sein mit der Gesamtsituation.

Und als Wolfang und Susanne – nachdem sie sich kurz einige seltsame Blicke zuwarfen – aufstanden und sagten, hier seien wohl einige Nachhilfestunden in grundlegender politischer Korrektheit angebracht, und gingen, war es plötzlich ganz still. Und ich mir gar nicht mehr so sicher, ob meine Eltern wirklich stolz auf mich waren.

»Was hast du dir denn nur dabei gedacht?«, fragte mich

meine Mama ein bisschen traurig. »Das ist doch nicht witzig!«

Jetzt war ich etwas irritiert. Denn witzig sollte mein Ein-Wunsch-Wunschzettel wirklich nicht sein.

»Jetzt geh erst mal auf dein Zimmer, und denke darüber nach, wie viele schwarze Kinder auf dieser Welt leiden müssen. Weil sie nichts zu essen haben. Und komm erst wieder raus, wenn du dich entschuldigst. Es gibt wirklich Dinge, über die man sich nicht lustig macht.«

Jetzt war ich aber so richtig doll irritiert. Was hatte mein Ein-Wunsch-Wunschzettel denn mit hungrigen Kindern zu tun? Ich wusste wirklich nicht, was ich sagen sollte. Und warum wurde ich jetzt geschimpft, wo ich mir doch nur eine einzige Sache wünschte. Und die gar nicht aus Plastik war. Und ich mir so viel Mühe gemacht hatte, mit dem Schreiben und dem Malen und so. Ich war so enttäuscht, dass ich weinen musste. Und auf mein Zimmer rannte. Ich weinte sehr laut und viel. Und beruhigte mich erst, als meine große Schwester Nora ins Zimmer kam und mich tröstete.

Von draußen hörte ich meine Eltern diskutieren. Sie fragten sich, was sie falsch gemacht hätten. Und ob mein Umfeld zu weiß sei. Dann klingelte es an der Tür, und ich hörte sehr viele Freunde aus dem Haus. Alle kamen in unser Wohnzimmer und diskutierten. Laut. Über Dinge, die ich nicht verstand. Ich lag auf meinem Bett, mit meinem Schlopopp-Kuschelhasen im Arm und wurde immer verwirrter und war deswegen sehr froh, als mich meine Schwester fragte, warum. Warum ich mir denn nur wünschte, schwarz zu sein.

Als ich ihr erzählte, warum, musste sie etwas lachen. Und sagte, dass alles bald wieder gut sei. Und dass sie mir helfen würde, alles zu aufzuklären. Ich verstand zwar nicht, was es aufzuklären gab, aber ich war wirklich froh, dass sie mir helfen wollte. Und weil Nora oft sehr gute Ideen hatte, vertraute ich ihr da einfach mal. Viel mehr blieb mir ja ohnehin nicht übrig.

Nora lief aus dem Zimmer, und es dauerte eine gefühlte Ewigkeit, bis sie wiederkam. Komm, alle warten auf dich, sagte sie. Und hatte damit wirklich nicht übertrieben. Denn als ich ins Wohnzimmer kam, waren alle aus unserem Haus in einem Kreis versammelt. Und mittendrin. Stand ein Stuhl. Und so gerne ich Bühnen auch mochte und für mein Leben gern Konzerte gab und Dinge vorführte. Das war etwas viel Bühne. Und etwas sehr aufregend.

Ich setzte mich vorsichtig auf den Stuhl. Und traute mich kaum, hochzuschauen. Alle starrten mich an. Und ich wusste nicht so recht, was ich überhaupt tun sollte.

Nora mochte Aufführungen eigentlich gar nicht gerne. Immer, wenn ich sie frage, ob sie mit mir eine Show machen wollte, winkte sie eher ab. Sie half mir dann zwar beim Organisieren und Karten-Machen oder so, aber auf der Bühne bekam sie immer einen witzigen spitzen Mund. Und konnte dann gar keinen Spaß mehr haben. Deswegen war ich wirklich überrascht, dass gerade Nora zu mir in den Kreis trat

und ganz ohne Spitzmund sagte: Bevor ihr euch wegen dem hier (sie hielt meinen Ein-Wunsch-Wunschzettel hoch und drehte sich im Kreis, sodass ihn alle sehen konnten) verrückt macht, solltet ihr vielleicht lieber die Marie fragen, warum sie sich überhaupt wünscht, schwarz zu sein!

Dann stellte sie sich zu mir und sagte, komm Marie. Sag es ihnen. Also fing ich an zu berichten.

Wie ich doch immer so gerne vor ihnen auftrat. Und am allerliebsten Lieder vorsang. Wie ich mir wünschte, einmal Sängerin zu werden. Und immerzu für Menschen zu singen. Weil es nicht nur sehr schön war. Das Singen. Und Musik überhaupt. Sondern weil man damit auch was verändern könne. Wie die Nina Simone (dabei sprach ich Simone wie den Deutschen Mädchennamen aus), die Mama so gerne hörte. Oder die Ella Fritz Gerhard. Oder die Rendy Krofart. Alle diese Frauen, die so singen konnten, wie ich singen können wollte, wenn ich einmal groß war. All diese Frauen, die taten, was ich tun wollte, wenn ich groß war. Alle. Waren schwarz. Und so war doch völlig klar, dass ich schwarz werden müsste. Um so toll werden zu können, wie sie.

Als ich fertig war, sahen mich alle sehr erleichtert an. Mein Papa strahlte übers ganze Gesicht. Und meiner Mama rollten ein paar Tränen über die Wange. Sie eilte zu mir und nahm mich in die Arme. Und sagte, dass sie mich sehr lieb habe und alles gut sei.

Ich hatte noch immer nicht verstanden, warum alle so sauer auf mich gewesen waren. Aber ich traute mich auch nicht richtig, jetzt noch nachzufragen. Weil ich so erleichtert war, dass alles wieder gut war. Ich war so erleichtert, dass ich beschloss, einen kleinen Mini-Auftritt hinzulegen.

Und so stellte ich mich auf meinen Stuhl. In der Mitte des Kreises. Und sang. Irgendwann sangen alle mit. Und wir tanzten und feierten. Bis immerhin die Nacht schwarz war.

Als wir einige Tage später unterm Weihnachtsbaum versammelt waren, war ich – ohne jetzt viel zu spoilern – immer noch weiß. Aber dafür hatte ich sehr viele Geschenke. Genauer gesagt: Sehr viele Schallplatten. Von sehr vielen Sängerinnen. Neben Ella Fritz Gerhard, Rendy Krofart, Nina Simone und anderen schwarzen Frauen waren auch sehr viele neue Sängerinnen dabei. Die ich noch nicht kannte. Und die alle weiß waren.

Außerdem war da noch ein Plakat. Von einer weißen Frau. Simone Signoret, hieß die. Erklärte mir meine Mama. Und, dass Nina Simone sich Simone als ihren Künstlernamen aussuchte, weil sie ein großer Fan war, von dieser Simone Signoret. Und sie ein Vorbild in ihr sah. Denn, sagte mir meine Mama, während wir in einem Berg aus Geschenkpapier saßen, es ist völlig egal, ob deine Vorbilder weiß sind oder schwarz, ob Männer oder Frauen, wichtig ist, was du daraus machst.

Wenn du Sängerin werden möchtest, ist es nicht wichtig, dass du schwarz wirst. Sondern, dass du singst.

MANCHMAL IST
ES EGAL, WER DU
BIST – ES ZÄHLT,
WAS DU TUST!
(WENN DU ZUM BEISPIEL EIN
PISSER BIST, BIST DU EINFACH
EIN PISSER, BIS DU AUFHÖRST
RUMZUPISSEN!)

ALS DIE RABEN NOCH BUNT WAREN

Als ich eine kleine Marie war, lernte ich schnell, dass wir alle unsere Rolle haben. Wie in einem Theaterstück oder einem Film. Nicht in dem Sinne, dass wir uns allen etwas vorspielen – das auch. Aber eben auch in dem Sinne, dass wir uns Rollen zuschreiben. Gegenseitig.

Es gibt den peinlichen Nerd, dessen Mama ihm das Pausenbrot hinterherträgt, den coolen Sportler, der dafür etwas dümmlich ist, es gibt die coole kreative Künstlerin, die alle etwas crazy finden (und sie sich auch) – und die schöne blonde Wichsvorlage, die mit ihren langen Beinen die Jungs verrückt macht. So wie meine beste Freundin Michi.

Ich kenne Michi seit der Grundschule, weil wir zusammen in der TheaterAG waren. Wir spielten »Als die Raben noch bunt waren« – ein sweetes Kinderstück, in welchem – wenn ich mich richtig erinnere – zu einer Zeit, lang vor unserer, alle Raben (wer hätte es bei dem Titel gedacht?!) noch bunt waren. Sie lebten friedlich und bunt miteinander auf einem Baum und taten, was Raben so tun. Rabensachen halt. Bis eines Tages ein schwarzer Rabe auf dem Baum landet. Und Fragen stellt. Fragen wie: Welche Farbe ist denn die beste? Welche Farbe ist die schönste? Wie sieht denn ein richtiger Rabe aus? Flieder? Rot? Ocker?

Fragen, die einen schmutzigen Rabenkrieg auslösten. Nicht so wie in dem »Die Vögel«-Film. Wir waren ja noch in der Grundschule. Und in einer pädagogisch sehr wertvollen Theater AG. Eher so in die Richtung, dass sich alle Raben derselben Farbe zusammenrotteten, Demos organisierten, gemeine Transparente zeichneten und lauthals Dinge schrien wie Michi zum Beispiel:

»Wir lassen nicht locker, ein Rabe ist ocker!«

(Also der richtig fiese Hater-Shit!) Ich war ein roter Rabe. Und musste »Nieder mit Flieder! Nieder mit Flieder!« schreien. Und dabei fies dreinschauend im Kreis marschieren.

Am Ende ist dann durch den Rabenkrieg irgendwie eine Farbbombe explodiert – und alle Raben waren schwarz. Und traurig. Weil nun eben keine Farben mehr da waren oder so. Ich gebe zu, ich erinnere mich nicht mehr genau. Aber das eigentlich viel wichtigere Ende war auch, dass Michi und ich uns kennengelernt hatten. Und jetzt Freundinnen waren.

Neben unserer Raben-Vergangenheit vereinte Michi

und mich, dass wir beide deutlich größer waren als alle anderen in unserem Alter. Vor allem Michi hatte sehr lange Beine. Und so zogen uns die Jungs in der Grundschule damit auf – ebenfalls mit wirklich fiesem Hater-Shit wie: »Na, wie ist die Luft da oben, ihr Bohnenstangen?« Oder: »Haha – ihr seid so groß, ihr könntet aus ner Regenrinne trinken!«

(Waren wir früher eigentlich alle viel sensibler? Wie schlimm so was wie »Arschloch« oder »Pisser« früher doch einfach mal war. Das sind inzwischen die Weicheier auf dem Schimpfwörter-Schulhof, oder?)

Später zogen sie Michi dann aus. Mit ihren Blicken. Sie verdrehten die Köpfe nach Michis langen Beinen. Und ihrem langen, ockerfarbenen Haar. Sie war für viele Jungs die Traumfrau. Groß, schlank und blond. Und es war manchmal nicht einfach für mich, gerade in Zeiten, in denen man jeden Zentimeter am eigenen Körper in Frage stellt, neben ihr von einer kleinen Marie zu einer jugendlichen Marie zu werden.

Und es hat ein paar Jahre gedauert, bis wir uns gestanden haben, beide diese Phasen gehabt zu haben. Phasen, in denen man dachte, die andere habe es leichter, sei schöner, und man sich ein bisschen wünschte, ein bisschen mehr zu sein wie sie.

Warum ist das so? Wenn wir Flieder sind, wollen wir lieber Ocker sein. Und andersherum. Und wenn dann alle gleich sind, ist das Geheul groß, weil das wollte ja auch wieder keiner.

Denn wirklich tauschen wollte ich dann doch nicht mit ihr. Nicht, weil ich sie nicht umwerfend schön fand. Sondern, weil sie so viel mehr war als das. Eine der schlausten Frauen, die ich bis heute kennenlernen durfte. Und alles, was die verkackten Typen – und um ehrlich zu sein, auch neidgetriebenen Frauen – sahen, waren ihre langen, blonden Haare und ihre langen Beine.

Jahre später, als all diese jugendliche Infragestellerei vorbei war (und die Erwachsene weiterging), habe ich Michi nach langer Zeit wieder getroffen. In ihrer WG in Berlin. Sie hat mir im damals noch völlig unhippen Neukölln die Tür aufgemacht, und ich habe sie fast nicht wieder erkannt. Sie war immer noch groß. Und immer noch schlank. Und immer noch Michi. Sah aber viel mehr aus wie die Michi, die ich immer in ihr gesehen hatte. Weniger wie die blonde Wichsvorlage.

Ihre Haare waren kurz. Links noch viel raspelkürzer als rechts. Ihre Hose weit. Und saß tief (so wie früher meine. Zu dieser Zeit, als man noch Skateboard statt Longboard fuhr und Punk hörte…).

Sie strahlte mich an, nahm mich in den Arm, und auch wenn zwischen unseren letzten Treffen Jahre lagen und vieles, was gesagt werden musste, fühlte es sich an wie immer. Wie damals. Als die Raben noch bunt waren. Wir haben den Abend mit Bier vom Späti und Geschichten aus verpassten Zeiten verbracht, bis die WG auf ein-

mal voll war. Und wir auch. Wir haben gekickert. Gelacht. Ich hab sie über den Tisch hinweg beobachtet. Und war glücklich.

Und ich dachte mir, scheiß auf Flieder. Scheiß auf Ocker. Sei einfach der Rabe, der du sein willst. Und wenn du ein Hund sein willst, dann sei halt das. Solange du nicht der bist, von dem du denkst, dass du es sein sollst. Weil irgendein dahergelaufener Rabe dir Scheiße erzählt hat.

Außerdem dachte ich mir: Wenn du fliegen willst, dann flieg halt. Und wenn du kriechen willst, tu das. Aber ich muss zugeben, da war ich wirklich schon etwas sehr betrunken.

SCHEISS AUF RABENGELABER
NO MEANS NO!

PFEIF AUF PFEIFEN

Ich war eine noch etwas kleinere Marie. Da brachte mir mein Papa das Surfen bei. Ich hatte mich lange auf diesen Tag gefreut, weil ich früher immer vorne auf dem Surfbrett lag und meine Beine ins Wasser streckte, während mein Papa übers Wasser peste. Das waren die Momente, in denen ich mir als kleine Marie unfassbar sicher war, dass mein Papa der coolste Mensch auf der ganzen Welt war – und auch immer bleiben würde. Und auch wenn ich niemals nie ein Papa sein werde, bin ich mir ziemlich sicher, dass das Gefühl, dass da ein kleiner Mensch sich sicher ist, man sei der coolste Mensch auf der ganzen Welt, etwas ist, was sich nicht nur wahnsinnig gut anfühlt, sondern auch etwas ist, das man später garantiert nicht mit einem dahergelaufenen Typen teilen will – oder es gar an ihn verlieren. Egal. Jungs küssen war ohnehin noch nichts, wovon ich träumte. Aber selber surfen. Davon träumte ich auf jeden

Fall. Deswegen war es ein guter Tag, als Papa mir morgens am Camping-Klapptisch eröffnete, ich würde in die Magie der Windsurfkunst eingeführt.

Um zu verstehen, was für eine riesige Sache das für mich war, muss man vielleicht wissen, dass ich keine wirkliche Sportskanone war.

Als Asthmatikerin ist das so eine Sache mit dem Sport. An sich mochte ich es total gerne, vor allem, weil ich mich dabei so gut ablenken konnte und mich danach so gut fühlte. Aber der Sportunterricht hat es mir echt versaut. Unser Sportlehrer dachte nämlich aus irgendwelchen Gründen, es sei eine optimale Unterrichts-Reihenfolge, erst zwei Stunden lang wie bescheuert rumzutoben – und dann, wenn man völlig am Arsch ist, 800 Meter und mehr Dauerlauf zu machen. Eh schon irgendwie doof für die asthmatisch angeschlagene Lunge. Aber wenn man den Dauerlauf dann durch ein Meer an Pollen absolvieren muss, von einem Allergie-Anfall zum nächsten hechelt und Asthma und Allergien beschließen, sich gemeinsam zu einem lauten FICK DICH zu vereinen, dann kann der Sportlehrer-Depp noch so oft in seine bescheuerte Trillerpfeife tröten. Da hat sich mein Körper einfach nie zu irgendeinem Pawlovschen Hund machen lassen.

Ich stand dann also irgendwo zwischen Start- und Ziellinie (tendenziell näher an Ersterem), bekam keine Luft mehr – dafür aber einen sehr roten Kopf. Und viele rote allergische Bollen überall am ganzen Körper. Während mein Sportlehrer meinte: »Jetzt stellsch di halt net so a! D'Frische Luft hot no nie wem

gschadet. Bisch halt a Stadmädle. Da gwönsch di schon no dra!«

Trotz asthmatischem Kopf konnte ich das in irgendetwas wie: Jetzt stell dich nicht so an. Frische Luft hat noch nie jemandem geschadet! Du bist halt ein Stadtmädchen. Da gewöhnst du dich schon noch dran! übersetzen, bevor mir die Füße wegklappten. Allergien kannte der Herr Trüllemann nicht.

Und ich will nicht zu viel verraten. Aber »Da gwönsch di schon no dra!« ist keine anerkannte Behandlungsmethodik für Allergien und Asthma. Aber der Herr Trüllemann war auch sonst einfach nicht so wahnsinnig schlau. Einmal beim Schwimmen meinte er, wir sollen uns doch schon mal warm machen. Und einige Runden ums Becken rennen.

Was zum Fick? Jeder Depp weiß, dass man nicht ums Becken rennt. Weil einem das von den Eltern wie bescheuert eingetrichtert wird. Doch dann kommt der Trüllemann mit seiner scheiß Pfeife um die Ecke und scheucht einen zum Becken-Rundlauf. Das Problem war nur, dass auch in meiner Klasse einige Mitschüler eher den Intellekt von Trüllemanns Pfeife hatten und deswegen wie die Deppen anfingen, ums Becken zu rennen. Direkt vor mir: Francesco. Der allen beweisen wollte, dass er nicht nur der Ober-Depp ist, sondern auch noch der schnellste Ober-Depp von allen. Was ihm auch beinahe gelang, bis er ins Straucheln kam und abbremste, so sehr, dass auch ich unkontrolliert abbremsen musste und volle Lotte. Mit der Fresse voraus. Schreiend (was doof ist, weil das im Normalfall zu einer Öffnung der Mund-

partie führt). Auf diese kleine Wölbung vor dem Beckenrand knallte.

Erst sah ich sehr viel rot. Und dann sehr schnell schwarz. Weil das Rote Blut war und ich trotz der Tatsache, in meiner Familie von Ärzten umgeben zu sein, nicht wahnsinnig gut darin bin, Blut aus meinem Körper fließen zu sehen. Ich war aber wohl nur kurz weg, denn als ich zu mir kam, versammelten sich gerade die ersten Neugierigen, während Herr Trüllemann von der anderen Seite des Beckens wie bescheuert in seine Pfeife pfiff und schrie, ich solle wieder aufstehen, ich würde ja das ganze Becken vollbluten. Etwas benommen stand ich auf. Und stützte mich dabei an Francesco ab. Der bewies, dass nicht mal unser schnellster Ober-Klassen-Depp so bescheuert war wie der Herr Trüllemann. Der Francesco war sogar noch voll nett: »Tschuldigung. Ich glaub, das war meine Schuld«, nuschelte er, während er mich zur Bank am Rand des Beckens brachte. Und ich so: »Schllloooooooooooooookkk.« Äh. Moment mal. Bitte was? Ich versuchte es noch mal: »Schllloooooooooooooookkk.«

Seltsam. Mein Gehirn dachte klar: »Schon okay.«

Aber alles, was aus meinem Mund raus kam, war: »Schllloooooooooooookkk.«

Vorsichtig tastete ich dorthin, wo das »Schllloooooooooooookkk« herkam. Und dann war ich sehr froh, dass wir bereits an der Bank angekommen waren, denn ich spürte, dass mir mein Mund im wahrsten Sinne des Wortes zur Kinnlade runter hing. Und irgendwo. Zwischen Kinn und Brust. Meine beiden Vorderzähne baumelten.

»Schheiiiißßßeeee«, dachte ich. Denn das war nicht die erste, sondern die zweite Generation Vorderzähne. Und auch wenn ich kein Blut sehen konnte, wusste ich von Medizin zumindest so viel: Drei mal wächst da nichts. Ich wusste nur nicht, was das bedeutete. Ich kannte Menschen, die keine Zähne mehr hatten. Vorne. Aber die waren alle sehr alt. Und vor allem bei Frauen hatte das schnell etwas Hexenhaftes. Und auch wenn ich nicht wusste, wie die baumelnden Zähne wieder in meinen Mund reinkommen sollten, war mir klar, dass ich absolut nicht bereit war, wie eine alte Hexe auszusehen. Außerdem war das der Moment, in dem ich merkte, wie schweineweh das tut, wenn einem ein Beckenrand die untere Lippe aufspaltet und zwei Vorderzähne aus dem Mund haut. Mag sein, dass ich schrie. Oder heulte. Was auch immer ich tat, führte dazu, dass der Trüllemann aufhörte, in seine Scheißpfeife zu pfeifen, und verdattert zu mir rüberkam. »Jetzt schtellsch di halt it so a. Die wachsed nach, und du musch jetzt au numma schwimma. Jetzt wartscht halt, bis die andre fertig sind mit Schwimma.«

Bitte was? ALS OB ich mit einer Platzwunde am Mund, die meine Kinnlade runterklappte, drauf warten würde, dass meine Klassenkameraden ihre Bahnen planschten! ALS OB ich hier rumsitzen würde, mit nem Zahn in der Hand, der mir irgendwo aus dem Mund baumelte! ALS OB ich Lust hatte, in der Grundschule auszusehen wie so ne alte Hexe!!!

»DasssindmeinessweitenSähne!«

Fuck. Das konnte der Pfeifendepp doch niemals verstehen! Noch mal.

»DasssindmeinessweitenSähne!«

Aussichtslos. Der Trüllemann sah mich an, als hätte ich ihm gesagt, Pfeifen seien ab jetzt auf dem Schulgelände verboten. Das machte mich echt panisch. Ich musste zu irgendeinem Zahnarzt, der mir meine Zähne zurück in den Mund klebte. Oder nähte. Oder was auch immer. Ganz zu schweigen von meiner Unterlippe, die konnte ja auch schlecht den Rest ihres Lippenlebens an meinem Kinn abchillen. Also eilte ich zu meiner Umkleidekabine um aus meinem Schulranzen Stift und Papier zu holen. In der Hoffnung, er könne wenigstens lesen. Der Pfeifendepp. Aber das fand der überhaupt nicht witzig. »Während dem Schwimma get fei koiner in die Kabina. Das des klar isch! Da gibts koine Extrawürschtä.« Und so saß ich da. In der Ecke am Schwimmbeckenrand. Sah meinen Klassenkameraden bei ihren kläglichen Kraul-Übungen zu und blutete den Boden voll.

Dann durfte ich mich umziehen und vor der Schwimmhalle auf die anderen warten. Im Schulbus durfte ich dann – YAY! – ganz vorn sitzen und mir den Bus-Mülleimer unter das Kinn halten. Durfte ist hier im schwäbischen Sinne zu verstehen. Denn im Gegensatz zu meinem bisherigen Verständnis von »dürfen« als ein Möglichkeitsangebot für das eigene Handeln, welches man annehmen oder ablehen konnte, verstand man in Süddeutschland unter »dürfen« eine Art verschleierte Form von »müssen«. Das zeigte sich in so Sätzen wie: »Du darfst den Tisch abräumen.« Oder: »Du darfst zum Bauern laufen und Milch kaufen.« Oder eben auch: »Marie, du darfst ganz vorne sitzen und dir den Mülleimer unters Kinn halten. Damit du den Bus nicht vollblutest.« Da ist keine Form von Ablehnung vorgesehen. Da gibt es keinen Raum für: »Ich bedanke mich recht herzlich für das Tisch-Abräum-Angebot, lehne hiermit aber höflichst ab, da ich lieber rausgehe, um mit meinen Freunden abzuhängen!«

Also saß ich im Bus. Mit einem Mülleimer unter meinem Kinn. Und durfte die Mülleimertüte, als wir an der Schule ankamen, mitnehmen. Außerdem durfte ich nach Hause gehen. Was wirklich gut war, denn ich musste mich ja dringend darum kümmern, nicht als erste alte Hexe in unsere Grundschulgeschichte einzugehen.

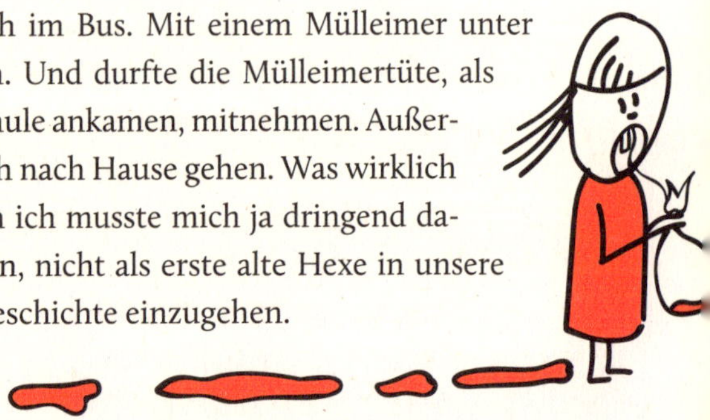

Weil ich aber wusste, dass jetzt ohnehin niemand zu Hause sein würde, beschloss ich, entgegen der Anweisung vom Pfeifendepp, direkt in die Praxis meiner Eltern zu gehen. Und so wanderte ich mit der Mülltüte unterm Kinn durchs Dorf in Richtung Praxis. Ich werde niemals vergessen, was passierte, als ich – wie schon Tausende Male zuvor – die Tür zum Vorzimmer öffnete, wo Christine saß, die Sprechstundenhilfe meiner Mama. Christine telefonierte gerade hinter dem Empfangstresen. Blickte auf. Sagte in den

Hörer: »Wir haben hier einen Notfall. Ich rufe Sie zurück!« und legte auf. Ich drehte mich erschrocken um. Und konnte keinen Notfall sehen. Und dann wurde mir klar, dass ich der Notfall war. Sehr schnell war meine Mama da. Die noch viel schneller beim Dorf-Zahnarzt einen Termin machte – der mir tatsächlich mit einer Art Zauberkleber beide Zähne wieder einsetzte. (Der eine hat es leider trotz Zauberei nicht geschafft. Und musste einige Zeit später durch einen Porzellanzahn ersetzt werden.) Und dann fuhren wir wie der Blitz zu einem Kollegen von meiner Mama, der mir meine Wunde nähte. Weil Mama meinte, sie würde mir gern dabei die Hand halten. Und sie könne nun mal schlecht meine Wunde nähen und gleichzeitig meine Hand halten. Meine Mama ist übrigens die beste Frau auf der ganzen Welt. Und nicht nur die beste Mama. Sondern wirklich. Frau. Von allen. Und allen, die noch kommen auch.

Weshalb ich dir das ganze Pfeifendepp-Drama erzähle? Weil ich später trotzdem im Schwimmverein war. Und bis heute im Wasser mein zweites Zuhause gefunden habe. Ich renne immer noch nicht gerne durchs Pollen-Meer. Aber das Schwimmen habe ich mir von diesem Pfeifendepp nicht versauen lassen. Und das ist gar nicht so leicht. Bei dem einen ist es nicht das Schwimmen, sondern Mathe. Oder Französisch. Oder Kunst. Oder was auch immer. Wir lassen uns viel zu leicht von irgendwelchen Pfeifen etwas versauen, an dem wir eigentlich Spaß haben könnten. Etwas, das uns guttut. Und wenn es keine Lehrer sind, die uns das versauen, dann sind es andere Pfeifen. Pfeifen, die einem ein mieses Gefühl geben, weil man im Badeoutfit nicht aussieht, wie sie (oder man selbst) das gerne hätte. Pfeifen, die lachen, weil die Kunst, die man macht, anders ist als das, was sie kennen. Weißte was? PFEIF AUF DIE PFEIFEN! Und wenn du selbst die Pfeife bist, pfeif auf dich. Ab ins Wasser. Die Wellen warten.

Auf mich haben sie auf jeden Fall gewartet. Und so freute ich mich auf meine erste Surfstunde – der Tatsache zum Trotz, dass ich weder besonders sportlich war, noch die beste Badeoutfitfigur machte. Heute war der Tag gekommen, an dem ich die Kunst des Windsurfens erlernen durfte. Im gar nicht schwäbischen »Durfte-Sinn«.

Zunächst übten wir am Strand. Trockenübungen. Ich musste aufs Brett steigen und das Segel aus dem Sand ziehen. Das war ziemlich einfach. Mir aber auch irgendwie etwas peinlich. Weil der Strand recht voll war und nicht weit von uns entfernt eine Gruppe cooler jugendlicher Surfer saß, vor denen ich mich irgendwie nicht blamieren wollte. Warum? Ich kannte die nicht. Und die mich nicht. Ich war weit weg von zu Hause und würde die nie wiedersehen. Und dennoch machte ich mir einen mega Kopf darüber, was irgendwelche fremden Menschen dachten.

PFEIF AUF DIE PFEIFEN, Marie. Befahl ich mir. Und konzentrierte mich aufs Trockensandsurfen. Nach einigen Wiederholungen befand mich mein Papa für gut genug, um die ganze Prozedur ins Wasser zu verlegen. Zunächst hielt er das Brett fest, während ich das Segel immer wieder aus dem Wasser ziehen und mich in Surfposition bringen sollte. Auch das klappte überraschend gut. Und machte mich ein bisschen stolz auf meinen Körper, der sonst oft nicht so wirklich das machte, was ich von ihm wollte. Ich fühlte mich sicher – was aber auch einfach war, da Papa ja immer noch das Brett festhielt – und wiederholte immer wieder die Übungen, die er mir eintrichterte. Und dann. Auf einmal. Ich hatte gerade das Segel aus dem Wasser geholt, sah ich, wie das rechte Ufer begann sich zu bewegen. Für einen kurzen Moment war ich irritiert. So, wie wenn man im Zug auf einen anderen Zug schaut und sich für ein paar Sekunden nicht sicher ist, welcher sich jetzt gerade bewegt.

Ich war mir nicht sicher, ob ich mich bewege. Oder das Ufer. SURPRISE! Ich war's. Denn Papa hatte denselben Trick angewendet, wie schon damals beim Fahrradfahrenlernen, und einfach so, ohne Vorwarnung, das Brett losgelassen.

Egal. Es lief ja auch super. Ich nahm immer mehr Geschwindigkeit auf und fühlte mich toll. Wasser um mich herum. Sonnenstrahlen auf meiner Nasenspitze. Und Wind im Segel. Das war Freiheit. Ich fühlte mich cool und hoffte ein bisschen, die coolen Surfer-Jugendlichen könnten mich sehen.

So surfte und surfte ich. Immer der Nase nach. Den Wellen entgegen. Raus auf die freie See. Und war eine sehr glückliche Marie. Bis ein Gedanke. Langsam. Die Idylle störend. In meinem Kopf laut wurde: Wie dreh ich das Teil eigentlich um?

»Papa?« Sehr gute Idee. Du coole Marie. Dachte ich mir. Erst mal nach dem Papa schreien. Aber was sollte ich auch sonst machen? Aber Papa konnte mich offensichtlich nicht hören. Noch mal. Lauter: »Papa!« Nichts. »PAPA!!!!!!!« Absolut gar nichts.

Ich war viel zu cool viel zu weit weg vom Ufer gesurft. Also. Fuck. Ich beschloss, vorsichtig, eine Hand vom Segel zu nehmen und mit wilden Armbewegungen auf meine Notlage aufmerksam zu machen. Wie bescheuert riss ich meinen Arm hin und her und hoffte, Papa würde mich bemerken und zu Hilfe eilen. Zumindest eins von beidem gelang. Papa bemerkte mich. Und winkte zurück. Scheiße. Und jetzt? Ich musste mir was einfallen lassen. Schnell. Denn je länger ich nachdachte, desto weiter entfernte ich mich vom winkenden Papa. Ich dachte nach. Surfte immer weiter. Und fühlte mich mit jedem Meter, den ich weitersurfte, etwas uncooler.

O. k. Marie. Fokus. Was kannste? Segel ausm Wasser holen. Und dann festhalten. Letzteres machste seit geraumer Zeit sehr eindrücklich. Was kannste nicht? Umdrehen. Wenden. Oder wie auch immer man das beim Surfen nennt. Und Papa, der sowohl weiß, wie man das nennt, als auch, wie das geht, ist nur noch ein kleiner winkender Punkt. Dahinten. Irgendwo am Strand. Also musst du dir selber was einfallen lassen. Wie könnte denn so ein Wendemanöver aussehen? THINK, MARIE! THINK! Und auf einmal kam es mir. Wie dumm. Es war doch so einfach, dachte ich, ließ das Segel einfach los und sprang in hohem Bogen ins Wasser. Dann schwamm ich zurück zum Surfbrett, drehte es um die eigene Achse, kletterte wieder aufs Brett, zog das Segel aus dem Wasser und surfte zurück. Verrückt.

Wie einfach es doch manchmal im Leben sein kann, wenn man nicht versucht, perfekt zu sein. Sondern aus dem, was man hat und kann, das Beste rausholt, dachte ich. Dann konnte ich eben nur in eine Richtung surfen. Na und. Ich war seeeeehr weit rausgekommen. Und nun auch wieder zurück. Am Strand angekommen, war ich eine sehr glückliche Marie. Mit sehr müden Armen. Aber hauptsächlich war ich glücklich. Ich zog das Brett an den Strand und hielt nach meinem Papa Ausschau. Doch zunächst sah ich die coole Surferclique, die zu mir rüberschaute und tuschelte. »Was war das denn bitte für ein seltsames Wendemanöver, Kleene?«, fragte mich eines der Mädchen, und alle kicherten.

So ne doofe Pfeife, dachte ich. Mindestens zehn Jahre älter und über meine kreative Selbstrettung lachen?! Ich bekam einen sehr roten Kopf. Weil ich sauer war. Nicht nur auf die dumme Pfeife. Sondern auf mich. Mir wollte einfach kein cooler Spruch einfallen.

»Ich fand das ne ziemlich legitime Lösung!«, sagte der Typ direkt

neben der Pfeife, stand auf und half mir dabei, mein Surfbrett aus dem Wasser zu ziehen. Da war sie still, die Pfeife. Und mein Kopf gleich nur noch halb so rot. »Danke«, sagte ich. Und er grinste und meinte, dass das ein ziemlich guter erster Versuch war. Und ich mich nicht ärgern lassen solle. »Eben«, sagte ich, »pfeif auf die Pfeifen!«

Und das gilt noch heute. Manchmal muss man Dinge versuchen. Auch, wenn man sie noch nicht richtig gut kann. Weil, wenn man immer nur Dinge tut, die man schon kann, tut man ziemlich wenige Dinge und führt ein sehr langweiliges Leben. Außerdem sollte man sich niemals nie von irgendwelchen Pfeifen sagen lassen, wie man Dinge tun soll. Und wie nicht. Denn ich war ja zurückgekommen. Wie, ist doch völlig egal. Und wer weiß, vielleicht ist auch Scheitern manchmal der richtige Weg. Vielleicht muss man halt ins kalte Wasser springen, um umzudrehen. Aber was man wirklich absolut nicht tun muss, ist, sich von irgendwelchen Pfeifen dazu zwingen zu lassen, Dinge zu tun, die zum Scheitern verurteilt sind. Wie ums Becken zu rennen. Zum Beispiel. Denn dabei verliert man nur zwei Zähne. Und gewinnt wirklich gar nichts fürs Leben.

PFEIF AUF PFEIFEN

Les Petites Choses

Ich war eine wirklich gar nicht mehr kleine Marie, da war ich fest davon überzeugt, die Liebe meines Lebens gefunden zu haben. Die eine. Beste Liebe ever.

Ich war mir ziemlich sicher, dass er es war, schließlich hatte ich seit Hanno so einige Menschen geküsst. Aber mit ihm fühlte es sich anders an. Als sich unsere Lippen zum ersten Mal berührten, dachte ich, die Welt bleibt stehen. Und ja, das mag auch daran gelegen haben, dass wir beide sehr bekifft waren und die Zeit ohnehin sehr, sehr langsam verging. Aber er war ein wunderbarer Küsser.

Und von da an waren wir wie eine Person. Menschen machten aus unseren Namen einen. Und so war ich von nun an die Mariusmarie. Man könnte jetzt an ein eklig-schleimiges Kitsch-Paar denken, das sich ständig ansäuselt und alle Menschen in der näheren Umgebung entweder dazu bringt, übertrieben bewundernde Ahs und Ohs aneinanderzureihen. Oder im Strahl zu speien.

Aber wir waren wirklich cool. Und das erste Jahr war einfach ein wundervoller, intensiver Liebes-Trip. Die Sache war nur die, dass der Trip so intensiv war und wir so sehr Mariusmarie, dass wir uns alles erzählten. Wir vertrauten uns Dinge an, von denen sonst niemand wusste. Und gerade bei Marius waren dies Geschichten, die allein dadurch, dass er sie mir erzählte, Abgründe auftaten. Ich fand das romantisch. Die Vorstellung, der erste Mensch auf der Welt zu sein, dem er sich anvertraut. Dem er überhaupt vertraut. Das war für mich genau das, was ich mir vorstellte. Unter dieser einen größten Liebe ever.

Und ja, Liebe muss auch wehtun. Auch Drama sein. Dachte ich. Sonst wäre es doch nicht die eine, große Liebe, über die so viele Menschen Lieder sangen. Und poetische Zeilen schrieben. Und so stellte ich das immer größer werdende Drama, die Psychoseite meiner größten Liebe ever, nicht in Frage.

Wenn ich könnte, würde ich eine Runde an der Zeitmaschine drehen und meinem damaligen Ich stecken, dass Romeo und Julia nicht romantisch sind. Sondern irre. Wirklich. Spätestens wenn am Ende einer »größten Liebe-Geschichte ever« beide tot sind, sollten die Alarmglocken angehen.

Wenn dir ein Typ oder ein Mädel sagt, dass er oder sie sich für dich umbringen würde oder sich umbringt, falls du ihn oder sie verlässt, dann solltest du keinen Ehering holen, sondern Hilfe. Das ist nicht schön. Das ist krank. Und kein Mensch sollte mit einer solchen Verantwortung leben. Und das Liebe nennen. Niemalsnie.

Denn wenn man das tut, dann macht man einfach alles, damit diese eine Person, diese größte Liebe ever, glücklich ist.

Man hat sie gerettet. Wie in einem Märchen von der bösen Hexe befreit. Von nun an ist man auf der Flucht. Und jeden einzelnen Tag dafür verantwortlich, dass die böse Hexe einen nicht einholt.

Und ich will die böse Hexen-Metapher nicht überstrapazieren, aber das Problem an einer ewig langen Hexen-Flucht ist, dass man irgendwann paranoid wird. Hinter jedem Baum, hinter jedem Rascheln vermutet man Schlimmes. Bis man irgendwann nicht mehr schlafen kann. Die Kraft verliert. Weil man alles, was man hat und geben kann, gibt. Ohne Grenzen. Man ist ja die Mariusmarie.

Und so gab ich alles. Bis wir eines Morgens in Freiburg in meinem WG-Zimmer-Bett lagen – nach Jahren von Dramen, die Romeo und Julia wie eine RomCom aussehen lassen.

Ich war gerade von Hamburg weggezogen und hatte eine völlig abgefahrene WG gefunden: Ein ehemaliger Puff mit entsprechend witzigen Zimmern. Mein Mitbewohner Marian zum Beispiel wohnte im ehemaligen »Römischen-Wirlpool-Raum«, der überall mit Spiegeln und Marmorsäulen verkleidet war. Ich wäre durchgedreht da drin. Aber Marian war auch ohne Marmor und Co. schon ziemlich abgefahren. Er studierte Schauspielerei und lief hauptsächlich im Bademantel rum. Ob es da irgendeinen Zusammenhang mit dem »Römischen-Wirlpool-Raum« gab, weiß ich nicht. Ich weiß nur, dass er gerne mal unsere vegetarische Yoga-Mitbewohnerin ärgerte und Fleisch in ihrer Pfanne zubereitete. Ohne danach abzuspülen. Das führte dazu, dass wir regelmäßig kleine Biotope in unserem Ex-Puff züchteten. Und dass unsere Yoga-Mitbewohnerin stinksauer auf Marian war. Er tat dann immer so, als wäre ihm das völlig egal. Weil er ja angeblich nur schauspielerische Charakterstudien durchführte. Aber eigentlich war er ein wirklich lieber Typ. Der gerne im Mittelpunkt stand. Und geliebt werden wollte.

Marius und ich lagen auf jeden Fall im Bett meiner neuen WG, hörten draußen die Yoga-Mitbewohnerin schimpfen und Marian lachen. Also ein Morgen wie immer. Bis er zu mir sagte:

Ich glaube ja, wenn Frauen Männer lieben, dann müssen sie »les petites choses vite fait, bien fait« machen. Weil Männer den Frauen immer zuhören müssen. Und das ist ein fairer Ausgleich. Die Frauen machen den Männern »les petites choses vite fait, bien fait«. Die Männer hören den Frauen zu. Das ist Liebe.

Ich lag einfach nur da. Und brauchte einen Moment, um

zu verstehen. Und noch einen, um zu verstehen, dass er das wirklich meinte. Nach all den Nächten der Hexen-Flucht? Nach all dem Geben. Ohne Grenzen. War es dieser eine Moment, in dem mir klar wurde, wie krank unsere größte Liebe ever war.

Ich schmiss ihn raus. Aus mir. Aus meinem Bett. Der Wohnung und meinem Leben. Für immer. Und schrieb meinen ersten Poetry-Slam-Text:

Du sagst, wenn Frauen Männer lieben,
dann müssen sie »les petites choses vite fait bien fait« machen.
Weil die Männer ja den Frauen zuhören.
Warum also nicht ein bisschen sexuelle Aufmerksamkeit.
Für ein bisschen Zuhörzeit.

Ich liege hier.
Im Bett neben Dir.
Und mir wird schlecht.
Wie krank wir sind.

Ich schmeiße Dich raus.
Aus mir.
Aus meinem Bett.
Meinem Leben.
Schreibe diese Zeilen.
Gehe zum nächsten Poetry Slam.
Und trage sie dort vor.

Vielleicht ist es peinlich.
Vielleicht klatschen die Menschen danach nicht.
Aber ich muss ihnen wenigstens keinen blasen.
Damit sie mir zuhören.

Es war, wie gesagt, mein erster Text, den ich jemals auf einer Slam-Bühne vortrug. Er war nicht gut. Aber es war meiner. Ganz alleine. Ich war keine Mariusmarie. Ich war einfach nur Marie. Und seither habe ich in jeder Beziehung darauf geachtet, dass dies auch so bleibt.

Ich habe an diesem Abend übrigens sehr viel Applaus bekommen. Und einen Kasten Bier gewonnen.

Ich werde nie vergessen, wie ich ihn auf dem Fahrrad zurück nach Hause schob und sehr glücklich war. Ich wusste überhaupt nicht, was jetzt passiert. Wie es jetzt weitergeht. Ich hatte schon fast verlernt, nur Marie zu sein. Aber es fühlte sich gut an. Wie verliebt sein. Und so endete meine größte Liebe ever mit mir. Einem Kasten Bier. Und sehr viel Verliebtheit für diese Marie. Die ich nun neu entdeckte.

ICH HABE KEINEN PLAN
UND DAS IST GUT.

SEI DU SELBST, ALLES ANDERE WIRST DU EH VERKACKEN.

Als ich eine kleine Grundschul-Marie war, da hat mir meine Mama immer die Haare geschnitten. Ich trug so einen Kleine-Mädchen-Haar-Klassiker. Pony und dann zack alles andere auf einer Länge irgendwo um die Schulter rum. Kein großer Schnickschnack.

Meine große Schwester Nora hatte keinen Pony, bekam aber auch von unserer Mama die Haare geschnitten. Nora war für mich lange Zeit der stärkste und schönste Mensch, den ich kannte. Ich fand sie und so ziemlich alles, was sie tat, sehr schön. Und konnte mir nicht vorstellen, dass sich das je ändern sollte.

Doch dann. Eines Tages durfte ich ausnahmsweise abends etwas länger aufbleiben und fernsehen. Das war bei uns nicht normal, da meine Eltern Fernsehen nicht so pädagogisch wertvoll fanden. Was doof war, denn damals, als ich noch eine kleine Marie war, war Fernsehen noch sehr cool und der hippe Shit. Dass gerade ich dann von den ganzen Dingen, die da im coolen Fernsehen liefen, so gar keinen Plan hatte, war eine Tatsache, die nicht unbedingt dabei half, meine Uncoolheit zu beseitigen. Dass ich uncool war, hatte meine Klasse recht schnell beschlossen. Drei Dinge, die ihre Entscheidung wohl sehr erleichterten, waren:

1. Ich sprach als einziges Kind in unserer Klasse Hochdeutsch und hatte auch wirklich Schwierigkeiten, einige meiner Klassenkollegen zu verstehen. Einmal, da stand die Bettina vor mir und fragte: »Känsch du Schina?«
   Ich fragte nach: »Entschuldige bitte, was soll ich kennen?«
   Sie antwortete patzig, als sei ich sehr dumm: »Schina. OB DU SCHINA KÄNNSCH!«
   »Ja, China kenne ich. Meine Mutter war erst dort, um sich von einem alten Akupunktur-Meister ausbilden zu lassen. Sie kann nun Nadeln setzen, die dann ...«
   »BISCH DU VÖLLIG BSCHEUERT?!«, unterbrach mich Bettina. »SCHINA! DIE SIND PFÜR DOISEBAHN. ZUG! KÄNSCH DES?!«
   Da erst verstand ich, dass sie von Bahnschienen sprach. Und bevor ich sie fragen konnte, warum ich Schienen nicht kennen sollte, war sie schon weggerannt und hatte lauthals lachend den anderen Mädchen aus meiner Klasse erzählt, wie »bscheuert« ich sei. Das passierte leider immer wieder. Da half es auch nicht, dass meine

Klassenlehrerin (die ich sehr liebte) den Kindern aus meiner Klasse erzählte, dass ich sehr gutes Deutsch sprechen würde und sie sich ein Beispiel an mir nehmen sollten. Denn Streber mochte hier keiner. Und damit sind wir auch schon bei Grund Nummer 2, der die Uncoolness-Entscheidung erleichterte.

2. Ich war leider sehr gut in der Schule. Ich konnte schon lesen und auch etwas schreiben, bevor die Schule überhaupt losging. Und was ich nicht konnte, lernte ich schnell. Dafür musste ich noch nicht einmal wirklich lernen. Ich hörte einfach zu und verstand. Und so sehr das eigentlich eine sehr coole Sache war, war das für meine Mitschüler ein ganz klarer Marie-ist-ziemlich-uncool-Grund. Jedoch muss ich zugeben, ich machte ihnen diese Entscheidung auch recht leicht. Denn ich war: ein ziemliches Arschlochkind. Einmal wollten unsere Lehrer zum Beispiel ein Experiment machen und füllten ein großes Aquarium mit unterschiedlichen Erdschichten, setzten einige Regenwürmer am Grund aus und wetteten dann mit der ganzen Klasse: Wetten, dass die Regenwürmer es nicht schaffen, sich durch alle Schichten zu graben?

3. Die Lehrer wetteten dagegen: Wenn wir verlieren, bekommen alle, die richtig getippt haben, beim Klassenausflug ein Eis. Da schrie natürlich die ganze Klasse: Die schaffen das! Und ich sagte: Das glaube ich nicht! Dabei zwinkerte ich meiner Lehrerin zu, ging nachher zu ihr und sagte: »Ich weiß natürlich, dass die Regenwürmer es schaffen. Und ich weiß auch, dass Sie das auch wissen. Aber ich verstehe, dass wir den Kindern das Gefühl ge-

ben müssen, wir wüssten nichts. Damit sie sich auch mal freuen können. Weil sie auch mal gewonnen haben.« Merkste selber jetzt: Ein klassischer Arschloch Move! Ich wollte wirklich immer gewinnen. Und die Beste sein. Und im Nachhinein bin ich froh, dass Kinder zu Arschloch-Kindern wie mir solche Arschlöcher sind, damit man sich bestimmte Arschloch-Moves sehr schnell abtrainiert.

Gleichzeitig ist es schon witzig, dass die mit Abstand dümmsten Kinder von allen sich so schlau und cool fühlen. Und den Kindern mit sensiblen Visionen und schlauen Gedanken so eine schwere Zeit machen. Falls ihr noch auf der Schule und umgeben von dummen Menschen seid, die euch das Leben schwer machen: Lasst euch nicht von Fickern ficken! Ernsthaft. Ich schrieb vor einiger Zeit ein kleines Chanson und veröffentlichte es auf YouTube. Danach schrieben mir viele Menschen, sie würden dies nun immer auf dem Weg zu Schule hören. Vielleicht hilft es ja auch dir:

Lass dich nicht von Fickern ficken
denn sie zerficken dich
und wenn dich mal ein Ficker fickt
merkst du, er gibt nen Fick auf dich

Lass die Pisser pissen
denn ja, sie pissen dich an
doch dreh dich lächelnd um und grüß den Wind von mir
und auch er dreht sich dann

Pfeif auf die Pfeifen und scheiß auf den Shit
spiel diese ganzen Spielchen nicht mit
sei wie ein Baum, der voll gelassen bleibt
wenn sich ne Horde Wildschweine dran reibt

Pfeif auf die Pfeifen und scheiß auf den Shit
spiel diese ganzen Spielchen nicht mit
sei wie ein Baum, der aus all ihrem Scheiß
Dünger macht, weil er es besser weiß

Denn der Wind dreht sich irgendwann
und wer dann noch pisst – merkt's schon selber dann

Ich war auf jeden Fall sehr uncool. Und da ich nie mitreden konnte, wenn alle erzählten, was sie am Abend im Fernsehen gesehen hatten, war ich sehr happy, als ich hörte, dass meine Eltern an diesem Abend eine ihrer sehr seltenen Ausnahmen machten. Und noch viel happy-erer war ich, als ich hörte, dass nicht meine Eltern irgendeinen pädagogisch wertvollen Film ausgesucht hatten, sondern meine Schwester. Der Film, den Nora auserkoren hatte, hieß Pretty Woman. Ich hatte keine Ahnung, worum es ging, aber das war an sich völlig egal, weil alleine die Tatsache, überhaupt Fernsehen schauen zu dürfen, schon spannend genug war.

Also starrte ich den ganzen Film über wie gebannt auf den Fernseher und vergaß die Welt um mich herum. Nach dem Film gab es natürlich ein pädagogisch sehr wertvolles Nachgespräch mit meinen Eltern.

»Was hat euch denn am besten gefallen?«, fragte mein Papa. Meine Mama sagte, sie fand es super, dass die Frau, die erst ihren Körper für Geld verkauft hatte, dann die Freundin von dem reichen Mann wurde und es den doofen Frauen in dem Geschäft gezeigt habe.

Nora sagte, sie fand das alles sehr romantisch. Am Ende.

»Und du? Marie, was fandest du am besten?«

»Die Lackschuhe.«

»Die schicken, die sie sich in dem teuren Laden gekauft hat?«

»Nein. Die am Anfang. Die will ich auch, wenn ich groß bin! Und sowieso will ich dann so aussehen, wie die Frau am Anfang aussah!«

Mein Papa schaute mich sehr besorgt an. So, als hätte ich etwas Falsches gesagt. Und meine Schwester lachte laut: »DAS SIND DOCH NUTTENSCHUHE, MARIE!« Das fand ich sehr gemein von Nora, denn die Nuttenschuhe von der Frau waren nun mal sehr schön gewesen, wie ich fand.

Und von da an war für mich nicht mehr meine Schwester die Schönste von allen, sondern die Frau mit den Nuttenstiefeln aus Pretty Woman. Sehr zur Besorgnis meines Papas …

Ein paar Wochen später – ich war noch immer voll verliebt in die Frau mit den Nuttenstiefeln – hatte meine Mama eine große Überraschung für mich. Denn weil Nora zum ersten Mal zu einem Friseur durfte, durfte ich mit. Und mir selbst aussuchen, wie ich meine Haar geschnitten haben wollte. Ich musste keine Sekunde nachdenken. Völlig klar. Pony bleibt, und der Rest so kurz wie bei der Frau mit den schönen Stiefeln, als sie noch die schönen Stiefel anhatte.

Ich habe ja bereits mehrfach erzählt, dass ich nicht gerade die coolste kleine Marie war. Das Besondere an der Sache war aber, dass man mir das auf den ersten Blick nicht wirklich ansah, weil ich immer sehr fröhlich war, sehr viel sprach und überhaupt kein Problem damit hatte, auf wildfremde Menschen zuzugehen und sie vollzulabern...

Und so merkte auch kaum jemand im Friseursalon, dass ich mega aufgeregt war. Ich meine, warum auch!? Kein normaler Mensch ist aufgeregt, wenn er zum Friseur geht, oder? Aber ich halt voll. Vielleicht, weil es mein erstes Mal war und der Friseursalon ein besonders cooler Friseursalon war, in dem auch nur besonders coole Menschen drin waren. Und eben ich. In meinem Kopf wiederholte ich mantraartig, was ich mir zu Hause als Antwort auf die Frage vom Friseur zurechtgelegt hatte, wie ich meine Haare denn haben wollte: »Pony nur etwas kürzer, Haare bis zum Kinn. So wie die Frau, die Pretty Woman heißt, als sie noch die schönen Stiefel anhat.« Nicht so schwer eigentlich. Einfach nur sagen, was man will. Und ja, ich war vielleicht nicht cool, aber dumm war ich ja auch nicht, also konnte ja eigentlich nichts schiefgehen.

EIGENTLICH.
[NICHT!]

Denn je kürzer die Warteschlange vor mir wurde, je näher mein erster Friseurstuhlauftritt rückte, desto größer wurde meine Aufregung. Ich wackelte wie bescheuert mit den Beinen und tat, was ich immer tat, wenn ich sehr nervös wurde. Ich laberte alle voll. Vor allem den coolen Punker, der direkt neben mir saß und direkt vor mir dran war.

Dass ich eigentlich viel zu viel Schiss hatte, mit einem so coolen Typen zu reden – auf jeden Fall mehr Schiss als vor dem Friseur –, hatte ich vor lauter Schiss völlig vergessen. Und so laberte und laberte ich ihn voll, selbst als er schon im Friseurstuhl saß und sich seinen knallbunten Iro abschneiden ließ und der Friseur den Resthaarbestand auf 5 mm abrasierte. Ich war gerade dabei, meinem neuen Punker-Freund zu erzählen, dass ich mal ein Restaurant aufmachen wollte. Eines, in dem ich dann immer für die Gäste sänge und wo es die besten Bratkartoffeln der Welt geben würde ... als er sich erhob, irgendwas von: »Coole Idee, Kleene«, murmelte, mich anlächelte, bezahlte und ging. Als die Tür hinter ihm zufiel, wurde mir schlagartig klar: FUCK, jetzt bin ich dran.

Wie in einer riesen Schisserwolkenangstseifenblase schwebte ich zum Stuhl. Alles schien sehr weit weg, ich schwitzte und wusste... auf einmal... gar nichts mehr.

»So, was solls denn sein, du kleine Restaurantchefin?« Die Stimme des Friseurs klang dumpf. Seeehr leise und weit weg. Von irgendwo außerhalb meiner Schisserwolkenangstseifenblase.

»HALLO?! Träumst du schon von Bratkartoffeln?!«

Das laute Lachen der Wartenden brachte meine Schisserwolkenangstseifenblase zum Platzen. Wie eine Angstseifenblase. Aber ich saß immer noch da wie ein Depp. Und wusste noch immer ... gar nichts. Alle starrten mich an. Vor allem der Friseur. Und ich starrte zurück. Mein Mund war staubtrocken. Und mein Kopf so leer, dass man den Wüstenwind um die Ecken pfeifen hörte ...

»JETZT SAG HALT WAS! MARIE!!!« Fast flehend zischte mich meine Schwester von der Seite an. Ich glaube, ich war ihr schon oft peinlich gewesen, aber noch nie so sehr wie jetzt, wo ich erst den ganzen Salon vollaberte und dann im entscheidenden Moment meinen Mund nicht mehr aufbekam. Ich war ihr so peinlich, dass sie wortlos das Geld auf den Tresen legte und rausging.

»Das Gleiche«, hörte ich mich selbst sagen.

»Das Gleiche?« Der Friseur schien irritiert.

»Ja!« Hörte ich mich wieder selbst sagen und war mindestens genauso irritiert, wie der Friseur.

»Das Gleiche wie der vor dir?«

»Ja!«, sagte mein Mund. »NEIN!«, schrie mein Kopf. Aber den hörte halt keiner.

»Fünf Millimeter???«, versicherte sich der verwunderte Friseur.

»Ja«, sagte ich. Schon wieder. Als wäre JA das einzige Wort, das ich noch draufhatte.

»Na dann«, sagte der Friseur, »wie du meinst, singende Chefköchin.« Und schmiss den Rasierer an. Wie versteinert blickte ich auf die Marie im Spiegel, die Surren um Surren ihre Haare verlor. »Fuck«, dachte ich. »Das sieht halt am Arsch nicht aus wie Pretty Woman!«

»Zufrieden?«, fragte der Friseur nach rasierter Arbeit.

»Ja«, sagte ich (was auch sonst, danke Mund!), während ein dicker Klos im Hals ankündigte, dass schon sehr bald eine große Flennerei eintreffen würde. Also lief ich so schnell ich konnte aus dem Salon. Denn nach dem ohnehin schon peinlichsten Auftritt ever wollte ich mir nicht auch noch die Blamage geben, da drin vor allen rumzuheulen.

Draußen wartete meine Schwester mit Mama und Papa. Ich bin mir nicht sicher, ob ich die drei jemals so überrascht gesehen habe. Vor allem mein Papa blickte sehr verstört drein. Offensichtlich erschreckte ihn meine neue Frisur noch mehr als die Sache mit den schönen Schuhen von der Pretty Woman. Ich glaube, er wollte gerade mit mir schimpfen, als der Klos im Hals platze und ich sehr doll losheulte. Ich

heulte wie bescheuert. Die ganze Heimfahrt. Und kein »Das wächst doch wieder« konnte mich davon abbringen, weiterzuheulen.

Dass Bettina und die doofen Mädchen aus meiner Klasse mit ihren langen Haaren und den Glitzerschleifen drin mich am nächsten Tag alle auslachten und Mario nannten, machte das Ganze auch nicht besser. »So darf man als Mädchen nicht aussehen«, sagten sie. »Du bist doch kein Junge.« Ich riss mich zusammen, so gut es ging.

Aber im Klo und auf dem Nachhauseweg weinte ich wieder ein bisschen. Bis irgendwann alle Tränen rausgeflennt waren. Aber nur, weil die Tränen weg waren, bedeutete das nicht, dass die Traurigkeit nicht noch blieb. Ich meine, hallo, ich wollte Pretty Woman mit den schönen Schuhen sein – und jetzt sah ich aus wie der Junge aus STAND BY ME.

Mies gelaunt trottete ich durchs Leben und über den Markt meiner Mama hinterher, die mich gezwungen hatte, trotz der Haare rauszugehen.

»Haha, da ist wieder der Mario«, schrien die coolen Langhaar-Glitzer-Mädchen hinter mir her und lachten. Das Leben war wirklich scheiße!

»HEY KLEENE«, riss mich eine Stimme aus der Trotterei. »Wie cool siehst du denn bitte aus!?!«

Ich blickte hoch und sah meinen neuen coolen Punker-Freund. Der saß mit sei-

nen anderen coolen Punkerfreunden auf dem Marktplatz und hörte coole Punker-Musik. Schlagartig hörten die coolen Mädchen auf zu lachen. Denn eines war klar: Selbst die coolsten Kinder überhaupt waren uncool im Vergleich zu den Marktplatzpunks. »Komm mal her, Kleene, lass dich ansehen!«

Sehr stolz marschierte ich an den anderen Kindern vorbei und setzte mich zu den Punks. »Was ne schöne Kleene du doch bist«, sagten die Punk-Freunde und streichelten mir anerkennend über die raspelkurzen Haare. Das kitzelte. Und fühlte sich ziemlich gut an. Und da wurde mir eines klar: Was für die einen uncool ist, ist für die anderen cool. Und im Endeffekt ist das einzig wirklich Wichtige, dass man sich selbst cool findet, und das geht nur, wenn man auch man selbst ist. Und nicht irgendeine Pretty Woman. Und ich war jetzt nun mal die Kleene mit den raspelkurzen Haaren, die schön kitzelten und sich gut anfühlten, wenn man drüberstrich.

Die hohen schönen Schuhe hab ich mir übrigens Jahre später doch noch gekauft. Sie waren unbequem wie Sau und rochen bereits nach kurzer Zeit sehr unangenehm.

Und die Haare habe ich mir auch später noch mal raspelkurz rasiert. Das sah nämlich ziemlich gut aus. Und kitzelte einfach wundervoll, wenn man drüberstrich. Außerdem war »Stand by Me« ein viel coolerer Film als »Pretty

Woman«. Und ich wollte weder sein wie Bettina noch wie Pretty Woman. Denn das »Soseinwie« nimmt einem eh keiner ab. Am wenigsten man selbst. Also: Sei du selbst, alles andere wirst du eh verkacken!

SEI DU **SELBST**
ALLES ANDERE WIRST
DU EH VERKACKEN!!!

DIE STÄRKSTE FRAU VON ALLEN

Als ich eine schon etwas erwachsene Marie war und mein Studium an der Hochschule für Bildende Künste in Hamburg begonnen hatte, klingelte mein Telefon. Ich war gerade dabei, einen übergroßen Überzug für eine U-Bahn-Bank zu häkeln, weil ich mitten in der »Privatisierung des öffentlichen Raumes« steckte. Das war so eine Kunstidee von mir, die ich eine ganze Weile lang verfolgte. Ich suchte mir öffentliche Orte aus, wie Toiletten, Parks oder die U-Bahn, und privatisierte sie über Nacht, indem ich sie in gemütliche Wohnzimmer, saubere Toiletten mit Comics und Seife verwandelte.

Das half mir sehr dabei, mich vom anhaltenden Drama mit meiner allergrößten Liebe ever abzulenken, dessen nervtötende Anrufe ich auf Zeiten außerhalb des Ateliers zu verlegen versuchte, um in meinem Leben überhaupt noch irgendetwas anderes zu tun, als mit ihm zu streiten. Deswegen war ich zunächst sehr angepisst, als das Klingeln mich hochschrecken ließ. Bitte. Nicht. Schon. Wieder. Stress.

Genervt ging ich ans Telefon. Und war ziemlich überrascht, als nicht Marius auf mein angespanntes: »Ja, bitte?!!!« antwortete. Sondern meine große Schwester. Nora. Es war mitten in der Woche. Und meine Familie hat eigentlich dieses unausgesprochene *Wir telefonieren Sonntags*-Ding. Sodass unter der Woche wirklich nur dringende Orga-Dinge kurz besprochen werden. Oder eben Notfälle.

Es stand aber wirklich nichts zu organisieren an. Und Notfälle? Es hatte noch niemalsnie einen Notfall in Noras Leben gegeben, bei dem sie meine Hilfe gebraucht hätte. Überhaupt brauchte Nora eigentlich nie Hilfe. Von irgendwem.

Nora war mit großem Abstand die stärkste Frau, die ich kannte. Nicht nur, weil sie so schlau war, alles und jeden *rockte* und ehrgeizig war wie sonst keiner. Das auch. Aber sie war auch wirklich richtig stark. Körperlich. Während ich nach vier Stockwerken Treppensteigen zum Asthmaspray greifen musste, rannte sie ihren vierten Marathon. In immer besser werdender Bestzeit. Und während ich als kleine Marie sang und irgendwelche absurden Dinge bastelte, machte Nora ihren braunen Gürtel in Judo und gewann sämtliche Judoka-Meisterschaften. Ich weiß noch, wie wir sie an Wochenenden zu den Wettbewerben begleiteten und vom Rand der Matten anfeuerten. Ich weiß noch, wie Nora und ihre beste Freundin irgendwann so gut waren, dass sie sich in fast jedem Finale gegenüberstanden. Und während Nora eiskalt fast jeden dieser Kämpfe gewann, ihre Freundin fest im Griff auf dem Boden hielt, bis diese mit zwei Schlägen auf die Matte signalisierte, dass sie aufgab, stand ich heulend daneben, weil ich es so furchtbar fand, dass eine der beiden verlieren würde und zwei Menschen, die sich mögen, gegeneinander kämpfen müssen.

Es gibt witzige Fotos von Siegerehrungen. Meine Schwester strahlend auf dem obersten Treppchen. Ihre Freundin daneben auf dem Zweiten. Ebenfalls strahlend. Und ich stehe total verheult daneben und bin fix und fertig.

Nora war stark. Wenn es ein Problem gab, packte sie es wie einen Judo-Gegner und warf es zu Boden, hielt es dort, bis es aufgab, strich ihren Anzug zurecht und holte sich ihre Medaille ab. Sie rief aber ganz bestimmt nicht ihre kleine Schwester an, die fand, dass alle sich lieb haben sollten und jede eine Gewinnerin war.

Bis heute. Denn schon als Nora auf meine schroffe Begrüßung antwortete, spürte ich, dass etwas absolut gar nicht in Ordnung war.

»Marie, ich brauche dich. Ich komm nicht weiter. Ich schaffe es einfach nicht. Kannst du bitte gleich in den Zug steigen, zu mir kommen und mir helfen?«

Ich war so überrascht, dass ich fast vergaß zu antworten. Es musste wirklich schlimm sein, das war klar. Genauso wie die Tatsache, dass ich natürlich helfen würde. Ich packte meine Häkelsachen und Dinge, die ich glaubte zu brauchen, und stieg in den nächsten Zug, der mich von Hamburg nach Heidelberg brachte. Nora holte mich vom Bahnhof ab, und ich sah, dass sie geweint hatte.

Es brach mir mein ohnehin sehr sensibles Herz, sie so zu sehen, aber ich wollte jetzt nicht rumheulen. Ich wollte sie nicht enttäuschen. Die stärkste Frau der Welt hatte mich um Hilfe gebeten. Da musste man sich schon ein bisschen zusammenreißen. Und das tat ich. Die nächsten Wochen war ich da. Und stark. Denn Nora schrieb ihre Abschlussprüfungen. Christof, der inzwischen ihr Mann war, schrieb seine. Nebenher musste ihr Umzug vorbereitet werden. Und dann war da Lukas. Der erste Sohn der beiden. Der beschlossen hatte, keine einzige Nacht mehr zu schlafen. Sondern stattdessen lieber zu schreien. Sehr laut. Sehr schrill. Und sehr lang.

Ich kümmerte mich um den Umzug und um Lukas. Und war durch den Schlafentzug so fertig, dass ich überhaupt keine Ahnung hatte, wie Nora das überhaupt ausgehalten hatte. Denn ich war schon fertig nur von diesen beiden Dingen. Nora hatte nebenher noch gelernt. Für die Prüfungen. In Medizin.

Und das hatte sie nicht nur für ein paar Tage gemacht. Sondern Monate. Das Leben musste sie wirklich schon lange im Würgegriff auf die Matte geworfen haben. Und sie hatte schon wirklich lange versucht, durchzuhalten.

Ohne mit zwei kleinen Schlägen auf die Matte des Lebens zu signalisieren, dass sie aufgab. Doch jetzt hatte sie es getan. Und ich weiß, wie viel Überwindung sie das gekostet haben musste. Nora gab nicht auf. Nora war nicht schwach. Nie. Und während ich mit dem schreienden Lukas durch die Wohnung ging, wurde mir klar, dass sie es auch jetzt nicht war. Denn nichts erfordert von einer starken Frau mehr Stärke, als um Hilfe zu bitten. Und Schwäche zu zeigen.

Ich bin darin bis heute schlecht. Und so ist es noch heute wie damals, als ich weinend am Mattenrand stand und sie bewunderte. Die stärkste Frau von allen.

Wer niemals nie Schwäche zeigt, ist der wahre

Schwächling

Kapitalistische Kackscheisssandburgen

Als ich eine kleine Marie war, verbrachte ich den Sommer in Frankreich. Bei meinen beiden Cousinen. Oder, besser gesagt, bei meinem Onkel. Michel. Und meine beiden Cousinen auch. Michel war ein besonderer Mensch. Zumindest war kein anderer erwachsener Mensch, den ich kannte, so wie er.

Er war Musiker. Einer der besten Gitarristen, die ich bis heute gehört habe. Und bis heute habe ich den langen Daumennagel an seiner rechten Hand vor Augen, den er als Plektrum benutzte.

Er kiffte eigentlich den ganzen Tag. (Was ich als kleine Marie aber nicht wusste. Sondern einfach als seltsam riechende Zigarette einstufte.) Und lebte auf eine sehr eigenwillige Art. Die Frauen liebten ihn. Und er liebte die Frauen. So sehr, dass meine beiden Cousinen nicht dieselbe Mutter hatten. Und auch meine Jahre später geborene dritte Cousine war das Kind einer neuen Frau in Michels Leben.

Er lebte mal in einem Tipi, mal in einem Wohnwagen und dann wieder in einer WG. Er kannte immer irgendwen, der irgendwen kannte. Und wenn nicht, lernte er irgendwen kennen.

Zum Beispiel, als wir eines Morgens, ich war vielleicht drei, zusammen Brötchen holen gingen. Ich war mit meinen Eltern in einem Ferienhaus in Frankreich, und Michel kam uns besuchen. Meistens tat er das, wenn es Ende des Monats und sein Kühlschrank leer war. Dann tauchte er einfach so auf, zum Kaffeetrinken am Nachmittag. Und blieb eine Woche, bis er satt war. An diesem einen Morgen bot er meinen Eltern an, mit mir und seinem Motorrad Brötchen zu holen. Ich war zwar noch im Schlafanzug. Aber das spielte in Michels Welt wirklich keine Rolle. Ich fand es eh cool, und meine Eltern waren okay damit. Also schwang ich mich mit meinem Blumenschlafanzug hinter Michel aufs Motorrad und fuhr mit ihm zum Bäcker.

Dort angekommen, entschied Michel, dass es nun erst mal Zeit für eine kleine Pause sei. Mit Café au lait für ihn. Und Chocolat chaud für mich. Ich fand auch, dass wir uns die Pause wohl verdient hatten, und so saßen wir da. Der Michel und ich. Auf einer kleinen Mauer in der Sonne vor der Bäckerei, schlürften unsere Pausengetränke und schauten alten buckligen französischen Opis beim Boulespielen zu.

Michel rauchte seine seltsam riechenden Zigaretten und kommentierte das Spiel von unserem Mäuerchen. Bis einer der Opas ihm zurief, er und seine süße Tochter seien herzlich eingeladen, eine Runde mitzuspielen. Michel schaute mich an und sagte: »Na, meine kleine Marie, dann lass uns den alten Männern mal zeigen, wie man das macht.« Sprang vom Mäuerchen und schnappte sich zwei Kugeln.

Es war eine schöne und spannende Partie, und im Anschluss luden uns die Opis noch zum Mittagessen ein. Wir fuhren in einer Auto-Motorrad-Fahrrad-Kolonne ins nächste Dörfchen, wo uns eine süße französische Oma empfing, die dem dazugehörigen Opa erst mal drohte, ihm mit der Pfanne eins überzuziehen, sollte er noch einmal unangekündigt so viele Gäste mitbringen. Aber als sie mich sah, lachte sie und war irgendwie glücklich.

Dann ging sie in den Keller und holte jede Menge Rotwein. Michel fand eine alte Gitarre. Und so saßen wir alle in einem großen Garten im Kreis, Michel spielte Gitarre, ich tanzte in meinem inzwischen völlig verdreckten

Blumen-Schlafanzug in der Mitte, und alle klatschten, sangen, tranken jede Menge Rotwein, und Michel rauchte seine seltsamen Zigaretten. Es war ein wirklich sehr schöner Tag. Irgendwann war ich vom vielen Tanzen so müde, dass ich mich mit einer Decke unter einen Baum legte und einschlief, während ich im Hintergrund die Männer zu Michels Gitarrenspiel singen hörte.

Als Michel mich vorsichtig weckte, ging die Sonne gerade unter. Er nahm mich samt Decke hoch in den Arm, wir verabschiedeten uns dankend bei unseren Oma-und-Opa-Gastgebern und fuhren durch den Sonnenuntergang zum Ferienhaus meiner Eltern. Als wir um die Ecke bogen und auf das Tor zufuhren, stand dort bereits meine Mama und wartete auf uns. Ihr Kopf war sehr rot. Und ich wusste, dass das absolut gar nichts Gutes zu bedeuten hatte. Ich hatte recht. Der Motorradmotor lief noch, da schimpfte sie schon wie wild auf Michel ein. Was er doch für ein egoistisches Arschloch sei. Dass sie vor Sorge fast gestorben wäre. Und dann noch einige französische Worte, die ich nicht kannte. Nett klangen sie aber nicht. Sie nahm mich in den Arm und drückte mich so fest, dass ich schier gar keine Luft mehr bekam. Da wurde mir klar, dass wir ja eigentlich nur Brötchen holen wollten.

Das war die andere Seite von Michel, die es auch für meine Cousinen nicht immer leicht machte, ihn als Papa zu haben. Denn er lebte einfach in seiner eigenen Welt.

Dabei waren ihm andere nicht egal. Er hatte nur seine eigenen Regeln. So spielte er zwar Gitarre wie ein Gott, wollte damit aber kein Geld verdienen. Die Musikindustrie war im zuwider. Und als er einmal in einer Musikschule Gitarrenunterricht gab, geriet er sofort mit den engstirnigen Methoden seiner spießigen Kollegen in Konflikt. Noch viel schlimmer wurde es, als die Eltern von seinem begabtesten Schüler sich eines Tages die Stunden nicht mehr leisten konnten und die Schule Michel deswegen aufforderte, den Schüler nicht mehr zu unterrichten. An sich irgendwie nachvollziehbar. Aber nicht für Michel. Der schmiss sein Engagement und gab dem Schüler fortan gratis Unterricht zu Hause.

So konsequent und cool das für mich auch immer klang, waren da ja trotzdem zwei kleine Mädchen, meine Cousinen. Die keine Krankenversicherung hatten. Und irgendwie über die Runden kommen mussten.

So war es auch in diesem Urlaub, als ich mit meinen Cousinen bei Michel war. Und wir uns abends eine Höhle aus Bettdecken bauten, mit einer Taschenlampe beleuchteten und unsere Köpfe zusammensteckten, um den Sommer zu planen.

Vielleicht können wir ja ans Meer? Und da Sandschlösser bauen. Oder Eis essen. Oder Kanu fahren? Vielleicht können wir ja auch Mami und Papi besuchen? Oder nach Paris?

Ich hatte wirklich viele Ideen. Aber meine Cousinen wurden bei jedem Vorschlag trauriger. »Marie, das wird leider nichts. Michel hat mal wieder kein Geld. Sein Auto ist kaputt. Und Zug kann er sich nicht leisten. Das werden die langweiligsten Ferien überhaupt«, seufzte Charlotte. Und Sarah schaute mich traurig aus ihren großen schwarzen Augen an, während ihr eine Träne über die Backe rollte. Ich schämte mich ein bisschen, weil ich nicht daran gedacht hatte, dass Michel ja eigentlich nie Geld hatte. Und so saßen wir alle geknickt in unserem Bettdeckenzelt, bis wir darin einschliefen.

Am nächsten Morgen, es war noch furchtbar früh, weckte uns Michel mit lautem Gesang:

La mer
Qu'on voit danser le long des golfes clairs
A des reflets d'argent

Und er rief dabei immerzu: Aufstehen, meine Abenteuerreisenden! Das Meer ruft, der Zug wartet auf uns. Wir waren noch etwas verschlafen. Aber noch mehr waren wir verwundert. Was hatte das alles zu bedeuten? Wie sollten wir mit dem Zug ans Meer fahren? Aber wir packten unsere Sachen, ließen uns anstecken von Michels guter Laune und sangen mit:

La mer bergère d'azur
Infinie...

Mit unseren Rucksäcken bepackt, marschierten wir singend zum Bahnhof und spielten dabei Fangen. Es war der lustigste Spaziergang überhaupt, weil wir durch die Fangen-Spielerei sehr schnell vorankamen und gar nicht wirklich merkten, dass wir eigentlich einen langweiligen Spaziergang machten.

Am Bahnhof angekommen, schlug Michel direkt das nächste Spiel vor: Verstecken. Wer im Zug das beste Versteck findet und bis zum Ziel von keinem Menschen gefunden wird, der hat gewonnen. Oh, das war ein spannendes Spiel, fanden Sarah, Charlotte und ich. Und als der Zug einfuhr, rannten wir hinein und suchten nach dem Gewinnerversteck. Charlotte fand als Erste eines. Weil sie so schlank war, passte sie in ein großes leeres Klappfach, wo eigentlich ein Mülleimer Platz fand. Sarah kletterte auf die Gepäckablage und versteckte sich hinter zwei großen Koffern. Ich irrte durch den Zug und fand einfach nichts. Ich wurde etwas panisch und wollte schon aufgeben, da entdeckte ich eine Lücke zwischen zwei Bänken, kroch hindurch, und gerade, als der Zug sich langsam in Bewegung setzte, legte ich mich flach auf den Boden, sodass man mich nur sehen konnte, wenn man es mir nachtat. Das war ganz schön knapp.

Ich atmete schwer und musste mich gleichzeitig sehr konzentrieren, nicht zu niesen, weil ich mitten in einer großen Staubwolke lag.

Aber ich hielt durch. Und so fuhren wir. Und fuhren wir. Und niemand fand mich. Michel sah ich die ganze Fahrt überhaupt nicht. Noch nicht einmal seine Schuhe sah ich an mir vorbeilaufen. Irgendwann wurde es ganz schön unbequem. Und irgendwie auch langweilig. Außerdem musste ich Pipi. Aber ich wollte schon sehr gerne gewinnen. Ich war mitten in meinem inneren Entscheidungsding, ob nun Pipi oder Gewinnen wichtiger sei, als die Tür des Abteils aufging und der Schaffner rief: »Guten Tag, Mesdames et Messieurs, noch jemand zugestiegen?«

Mein Herz blieb stehen. Ich hielt die Luft an. Das war der Endgegner. Sollte er mich jetzt entdecken, hatte ich verloren. Niemand durfte uns finden. Bis zum Zielbahnhof. Langsam näherten sich die großen schwarzen Klobenschuhe des Schaffners, und ich traute mich noch immer nicht zu atmen. Durch eine Spalte in der Bank sah ich Sarah, die zwischen den Koffern durchlugte und den Ernst der Lage gar nicht richtig zu begreifen schien.

Heimlich hoffte ich, sie würde nun erwischt werden, damit sich meine Gewinnchancen erhöhen würden. Aber plötzlich traf den Schaffner etwas von hinten am Kopf. Er drehte sich um. Und sah. Niemanden.

Er bückte sich und hob einen Schuh auf, mit dem ihn wohl jemand beworfen hatte. Böse schnaubend, lief er in die andere Richtung davon, während er schimpfte, welcher Hornochse ihn hier mit Schuhen bewarf.

Aber da war keiner. Und so zog der Schaffner mit dem

Schuh bewaffnet an Sarah vorbei ins nächste Abteil. Da hatte sie aber ganz schön Glück gehabt. Die Sarah. Und ihr Lockenkopf, dachte ich mir und fragte mich, ob es wohl Menschen gibt, die immer einen Notfallschuh dabeihaben. Um damit Schaffner zu bewerfen ... Dabei wurde ich von der automatischen Durchsage unterbrochen, die mir mitteilte, dass wir demnächst unser Ziel erreichen würden. Verrückt. Ich hatte es tatsächlich geschafft.

Ich kroch aus meinem Versteck, wischte den Staub von meiner Latzhose und flitzte aus dem Zug. Draußen wartete Michel bereits, und Sarah kam direkt nach mir auf uns zugerannt, dicht gefolgt von Charlotte. Wir freuten uns furchtbar wild und lachten, weil keine von uns in ihrem Versteck entdeckt worden war, bis uns auffiel, dass dadurch auch keine gewonnen hatte.

Das ist völlig egal, sagte Michel. Gewinnen und Verlieren ist ohnehin kapitalistische Kackscheiße. Deswegen haben einfach alle gewonnen, und alle Gewinner bekommen jetzt ein Eis, bevor wir an den Strand gehen!

Damals hatten wir alle keine Ahnung, was kapitalistische Kackscheiße bedeutet. Aber Eis für alle verstanden wir umso besser. Wir verbrachten einen wundervollen Tag am Meer. Und fanden, dass Michel die besten Ideen für Spiele hatte. Denn der Spaziergang zum Bahnhof war sehr witzig und das Versteckspiel im Zug ziemlich aufregend gewesen. Wir bauten Schlösser aus Sand – bis Michel meinte, die seien ziemlich monarchische Kackscheiße. Viele Menschen haben gar kein Zuhause, sagte er. Und dann kommen ein paar wenige und nehmen so viel Platz nur für sich alleine!

Wir verstanden wieder nicht so richtig, was monarchische Kackscheiße bedeutet, aber das mit dem Platz fanden wir auch unfair. Also zertrampelten wir *La Mer* brüllend alle Schlösser und bauten stattdessen eine Frau mit sehr großen Sandbrüsten. Das war Michels Idee.

Jahre später hätte ich Michel wohl gefragt, ob das jetzt nicht sexistische Kackscheiße sei. Aber Jahre später war ohnehin alles anders.

Jahre später, als wir gemeinsam eine seiner seltsam riechenden Zigaretten rauchten, gestand mir Michel, dass er uns damals gehört hatte. In unserer Bettdeckenhöhle. Dass sein Herz ziemlich schwer geworden war. Und er dann alles dafür tun wollte, dass wir eben nicht die langweiligsten Ferien überhaupt erleiden mussten.

Das war auch der Moment, in dem mir klar wurde, dass wir nicht Verstecken gespielt hatten, weil das Spiel so toll war.

Michel hat es nicht immer allen leicht gemacht. Aber er hat immer das Beste aus allem rausgeholt. Ich habe so viele skurrile Augenblicke mit ihm erlebt. Augenblicke, zu denen es überhaupt erst kam, weil er eben war, wie er war.

Und ich habe gelernt, dass es Momente gibt, wo keiner verliert, wenn niemand gewinnt. Momente, die erst aussichtslos und dann grenzenlos sind. Wenn man einfach mal anders denkt.

Ich habe gelernt, dass es Momente gibt, die man genießen muss. Und Musik etwas ist, das mehr Freude macht, wenn man sie lebt. Statt nur verkauft.

Dafür werde ich ihm für immer dankbar sein.

Michel starb. Vor einigen Jahren, einige Stunden nachdem er auf dem Sterbebett seine Freundin heiratete. Eine Frau, die ihn ließ und liebte, wie er war. Und ihn geerdet hat.

La mer
Les a bercés
Le long des golfes clairs
Et d'une chanson d'amour
La mer
A bercé mon cœur pour la vie

PAPI LERNT FAHRRAD FAHREN

Als ich noch eine kleine Marie war, hatte ich einen Opa. Ich hatte immer nur einen, und habe ihn auch immer noch (Salut, Papi!), weil der Papa meines Papas starb, als mein Papa noch gar kein Papa, sondern ein kleiner Mann war. Daher habe ich ihn nie kennengelernt, also den Papa von meinem Papa. Und auch wenn das hart klingt, hab ich ihn nie richtig vermisst, weil ich es halt nicht anders kannte. Nur manchmal habe ich mir gewünscht, er wäre da.

Einfach, weil meine Oma immer so steif war, dass ich schon als kleines Kind dachte, es wäre schön, wenn sie mal jemand so richtig durchkitzelt. Oma hat eigentlich nie gelacht. Ihr Mund war wie ein Strich, der sich mitten durch ihr Gesicht zog.

Und wenn ich bei ihr war, hatte auch ich wenig zu lachen. Oma wollte gerne, dass ich ein bisschen weniger laut bin, dass ich ein bisschen weniger draußen mit den Jungs spiele, dass ich weniger Hosen und mehr Kleidchen anziehe... Und sie wollte, dass ich den Jungs weniger zeige, dass ich schlau war. Eines Tages nahm sie mich zur Seite und sagte: »Marie, so, wie du bist, wird dich nie ein Mann haben wollen. Männer mögen es nicht, wenn die Frau schlauer ist als sie. Du musst lernen, das besser zu verstecken. Stell dich in der Anwesenheit von Jungs etwas dumm, dann werden sie sich schlau fühlen und dich dafür lieben!«

Oma war es auch, die mich zum Geige spielen brachte. Obwohl ich mich mit all meinem Größenwahnsinn schon lange für ein völlig anderes Instrument entschieden hatte. Sie war gerade zu Besuch, da war Tag der offenen Tür in der Musikschule. Alle Instrumente, die man dort lernen konnte, waren in einem Raum ausgestellt, und wir Kinder wurden in unterschiedliche Altersgruppen eingeteilt. Ich wurde gemeinsam mit anderen 5- und 6-Jährigen in eine Gruppe gesteckt, und als wir dran waren, um uns die Instrumente anzuschauen, hatte die Lehrerin sehr viele Glockenspiele für uns bereitgestellt. Das fand ich ziemlich doof. Denn so eins hatte ich schon seit Jahren zu Hause. Wir sollten uns alle in einen Kreis setzen und bekamen dann mit dem Hinweis, dass wir uns bitte nicht selbst oder gegenseitig damit hauen sollten, je zwei kleine Holzschläger in die Hand gedrückt. Auch davon hatte ich mehrere zu Hause. Und dachte, dass man schon sehr blöd sein müsste, um sich damit selbst zu hauen. Und fand die Lehrerin sehr kindisch. Doch offensichtlich hatte sie mit ihrer Warnung gar nicht so unrecht, denn schon heulte ein kleines Mädchen, weil sie sich einen Schläger in ihr Auge gerammt hatte, und zwei Jungs, die mir gegenübersaßen, trommelten aufeinander ein, bis ihre Eltern sie auseinanderzogen. Meine Oma rief, die Lehrerin habe wohl die Lage nicht im Griff. Mein Papa lachte. Meine Mama gluckste. Und die anderen Eltern wurden immer nervöser und lauter, während über allem der schrille Schrei des Mädchens lag, das sich noch immer nicht beruhigt hatte. Ich fragte mich, ob sie sich wirklich wehgetan hatte. Oder einfach entsetzt über ihre eigene Dummheit war. Während ich völlig versunken auf meinem Glockenspiel herumklopfte, spielte, was ich so spielen konnte, und die Lage um mich herum völlig eskalierte. Die Lehrerin fing an zu weinen, warum denn immer ausgerechnet sie die untalentierten kleinen Rotzblagen abbekam, worüber sich wiederum die Eltern lauthals echauffierten.

Irgendwann mitten im Wahnsinn stand plötzlich der Direktor in der Tür und schrie laut, was denn hier los sei! Dann trug er der Lehrerin auf, den Kindern die Schläger wegzunehmen, und bat die Eltern, sich doch erst einmal zu beruhigen.

Noch etwas schluchzend, ging die Lehrerin den Kinder-Kreis ab und tat Kind für Kind, wie ihr geheißen. Bis sie vor mir stand. Ich war noch immer versunken und spielte mit einem Schläger mein derzeitiges absolutes Lieblingslied: Don't worry, be happy! Während ich mit dem anderen auf dem Boden den Rhythmus trommelte. Und so bemerkte ich gar nicht, dass die Lehrerin vor mir stand. Mich beobachtete und langsam aufhörte zu schluchzen.

Bis sie sich zu mir runterkniete und nach meinem Namen fragte. »Ich bin die Marie.« Sagte ich. Und die Lehrerin winkte den Direktor zu uns. Kannst du uns das noch einmal vorspielen? Klar, konnte ich. Und so saß ich da. Auf dem Boden. Und spielte »Don't worry – be happy«. Ich wusste, dass das so viel wie: Mach dir keine Sorgen, sei glücklich hieß. Und offensichtlich hatte es auf die Lehrerin und den Direktor genau diese Wirkung. Und auch sonst wurde es ruhig im Raum. Und alle hörten mir beim Spielen zu. Als ich fertig war, klatschten die Eltern, und die Lehrerin fragte, zu wem ich denn gehöre. »Das ist meine Enkelin«, rief Oma entzückt. Und mein Papa behauptet bis heute, gesehen zu haben, dass die linke Seite ihres Strichmundes leicht nach oben gezogen und der Hauch eines Lächelns zu erkennen war. Aber da dies niemand sonst gesehen hatte, halte ich es bis heute für ein Gerücht. Die Lehrerin teilte allen Eltern mit, dass ihre Kinder zunächst lernen würden, wie man Glockenspiel spielt, und dann in die Flötenklasse aufsteigen würden. Und sagte zu Oma, dass das bei mir anders sei. Ihre Enkelin, die darf sich gerne umschauen. Und sich schon jetzt ein Instrument aussuchen.

»Das muss ich nicht«, rief ich. »Ich weiß schon ganz genau, was ich lernen möchte!« Ich zeigte auf das mit Abstand größte Instrument im Raum. »Ich will Kontrabass spielen!«

Spätestens in diesem Moment war der Mund meiner Oma wieder zum gewohnten Strich herabgesunken. Und auch meine Mama sah nicht sehr begeistert aus. Schließlich war ich noch nicht mal 6 Jahre alt. Die Schule war in Ravensburg. Und wir wohnten etwa 20 Minuten entfernt mitten in der Pampa, wo nur alle paar Stunden der Bus eine Verbindung zum Rest der Welt herstellte. Mamas Plan war, dass ich in ein paar Jahren alleine mit dem Bus zur Musikschule fahren sollte. Aber mit einem so großen Instrument war das nicht so richtig drin. Oma hatte ein anderes Problem mit meiner Wahl. »Marie, das ist nun wirklich kein Instrument für eine junge Dame! Sieh, dieses hier ist genau wie ein Kontrabass. Nur etwas kleiner. Und zierlicher. Viel besser geeignet als ein Kontrabass«, sagte sie. Und reichte mir eine Geige. Mama meinte, damit könnte ich auch alleine zur Musikschule fahren. Und weil Oma mir mehrfach versicherte, dass die Geige wirklich GENAU WIE EIN KONTRABASS in Klein war, schien mir das ein fairer Kompromiss zu sein. Ich hatte ja wirklich keine Ahnung. Jahre später, ich spielte zu dem Zeitpunkt schon sieben Jahre den kleinen Kontrabass, der wirklich absolut gar nicht genauso war wie der große, echte Kontrabass, beschloss ich, dass es Zeit war, die Fehler der Vergangenheit wiedergutzumachen. Kaufte mir einen E-Bass, brachte mir selbst ein paar Griffe bei und fragte Achmed, ob er mir ein paar Stunden geben könne. Achmed war ein guter Freund von meinen Eltern, gelernter Geigenbauer, der wunderschön Kontrabass spielen konnte und als Biobauer arbeitete. Er zeigte mir nicht nur die wichtigsten Grundlagen. Er war auch da, als ich Jahre später beschloss, mich für ein Gesangsstudium zu bewerben. Und meine Eltern mir lieber ein Musik-Management-Studium unterjubeln wollten, weil das ja fast so war wie Gesang. Aber auf den Trick fiel ich nicht mehr rein. Nicht nach der Geigennummer.

Aber zurück zu Oma. Sie war nicht nur so. Sie war es auch, die mir meine ersten Ölfarben schenkte. Und meine erste Staffelei. Ja, sie mahnte mich auch, mich beim Malen nicht schmutzig zu machen. Aber immerhin. Richtig entspannt wurde sie leider erst, als sie dement wurde. Und nicht nur vergaß, wohin sie ihren Mantel gelegt hatte. Sondern auch vergaß, streng zu sein. Und so lachte sie auf einmal viel.

Aber um Oma sollte es ja eigentlich gar nicht gehen.

Sondern um meinen französischen Opa. Ich nenne ihn Papi. Das fanden meine deutschen Freunde schon immer komisch, weil das so nach der niedlichen Form von Papa klingt. Aber egal, Papi ist auf jeden Fall Papi, und Papi ist fast blind. Also sogar noch ein bisschen mehr als fast. Er hat ein Glasauge, und bei dem anderen geht so gut wie gar nichts mehr. Dafür hat er aber witzigerweise die größten Ohren, die ich jemals bei einem Menschen gesehen habe.

Ich glaube, das eine hat mit dem anderen nichts zu tun. Egal. Ich könnte tausend Geschichten über Papi erzählen, und vielleicht mache ich das ja auch noch. Aber irgendwo muss man ja anfangen. Papi ist, wie gesagt, fast blind. Schon immer. Und daher hat er auch nie Fahrrad fahren gelernt.

Bis zu diesem einen Sommer. Ich war noch ein Kind, und wir waren alle zusammen im Urlaub in Frankreich. Also meine Eltern, meine große Schwester, Mami – das ist meine Oma, die nenne ich Mami – und eben Papi.

Jeden Morgen sind mein Papa und ich zum Bäcker geradelt, der war im nächsten Dörfchen und hatte einfach die mit Abstand besten Croissants auf der ganzen Welt. Und jeden Morgen war Papi schon wach und stand auf der Terrasse und hat uns beobachtet, wie wir losfuhren, und hat uns zum Abschied gewunken. Und wenn wir wieder kamen, auch.

Ich war, wie gesagt, noch ein kleines Kind, und wie Kinder nun mal so sind, habe ich unfassbar viele Fragen gestellt. Fragen wie: »Warum hat Papi so große Ohren?«, »Warum hat er ein Glasauge?« und auch »Warum kann er als erwachsener Mann nicht Fahrrad fahren? Ich bin ein kleines Kind, ich kann das, wieso kann er das nicht?« Erst haben mich alle angeschaut und mir gesagt: »Wer fast blind ist, kann nicht Fahrrad fahren. Das geht einfach nicht.« Und dann waren alle sehr still und ein bisschen peinlich berührt. Nur Papi nicht. Der sah mich strahlend an und lachte.

Dann mussten meine Schwester und ich ins Bett. Meine Schwester ist und war schon immer sehr schlau, und ich

hab sie sehr bewundert. Deshalb habe ich sie gefragt, warum alle vorher so komisch waren. Und sie sagte mir, dass ich Papi mit meinen Fragen verletzt hätte. Das hat mich so erschrocken und traurig gemacht, dass ich kaum einschlafen konnte. Denn ich hatte ihm wirklich nicht wehtun wollen. Nur verstehen wollte ich.

Am nächsten Morgen war ich unfassbar schlummi. Weil ich die Nacht gar nicht richtig schlafen konnte, vor lauter Sorge, Papi verletzt zu haben. Müde schlurfte ich zu meinem Rad, wo ich mit Papa verabredet war, um zu unserer Bäcker-Fahrradtour anzutreten. Ich war so müde, dass ich kaum meinen Augen traute, als plötzlich Papi neben mir stand. Und unfassbar witzig aussah. Er hatte einen quietschbunten Fahrradhelm auf, viel zu große Knieschoner an und strahlte über das ganze Gesicht: »Zeig mir, wie du das machst! Ich will Radfahren lernen.«

Und so begann ein Trainingscamp. Papi war tüchtig und eifrig, aber eben auch fast blind und sehr alt. Aber er wollte es unbedingt, und wir hatten unfassbar viel Spaß. So viel, dass ich bis heute noch lachen muss, wenn ich daran denke. Und irgendwann fuhr Papi tatsächlich so gut, dass wir ihn auf unsere Bäckertour mitgenommen haben.

Er war so aufgeregt wie ein kleiner Schuljunge, denn ja, das mit dem Radfahren klappte ganz okay. Aber eben bei uns auf dem Hof. Da draußen. Auf der Straße. Das war wirklich was ganz anderes. Das war ein echtes Abenteuer. Vor allem, wenn man so gut wie nichts sehen konnte. Also dachten wir uns einen Trick aus: Mein Papa zog sich ein neongelbes Trikot an, ein richtiges augenkrebsgrelles. Das konnte Papi sehen. Wenn auch nur als ganz verschwommenen gelben Punkt am Horizont. Und ich? Ich habe gesungen, die ganze Fahrt. Und wie schon gesagt, Ohren hatte der Papi ganz wundervolle.

So radelten wir los. Der Papi wackelig hinter mir her, immer meiner Stimme folgend. Und vorneweg: der verschwommene gelbe Neonpunktpapa.

Ich werde niemals Papis stolzen Blick vergessen, als wir an der Bäckerei ankamen. Er war so glücklich, dass er vor Freude für jeden noch ein zweites Croissant kaufte und wir dann alle singend zurück zu den anderen geradelt sind.

Von da an ist Papi immer mitgefahren: Jeden Morgen ist die seltsame Crew zum Bäcker gezogen. Der gelbe Papa, die singende Tochter und der blinde Opa.

Bis irgendwann. Eines Morgens. Papi verschwunden war und sein Fahrrad auch. Alle machten sich furchtbare Sorgen, und mein Papa wollte gerade schon auf die Suche nach ihm gehen, als wir von weither etwas singen hörten. Mein Fahrradfahrlied. Mit dem wirklich breitesten Lächeln, das ich jemals auf der Welt gesehen habe, und auch den besten Croissants, die ich jemals auf der Welt gegessen habe, bog tatsächlich Papi mit seinem Fahrrad um die Ecke. Er hatte es geschafft. Er war ganz alleine, ohne gelben verschwommenen Punkt und ohne singende Marie zum Bäcker geradelt. Und zurück.

Wir haben ihn gefeiert wie einen Tour-de-France-Sieger. Und ich habe den Tag nie vergessen. Bis heute denke ich an Papi, wenn mir jemand sagt, ich könne irgendwas nicht. Oder wenn ich selber denke, ich würde irgendwas nicht schaffen. Oder irgendwelche Träume ziemlich unrealistisch oder Pläne größenwahnsinnig scheinen. Weil mal ehrlich: Wenn ein alter, fast blinder Mann das schafft, dann können wir alles schaffen.

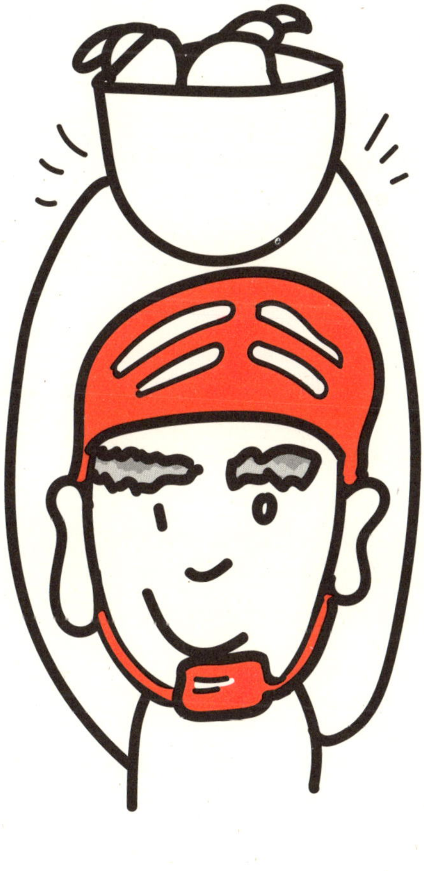

SACKSTRASSE

Als ich eine jugendliche Marie war, die dachte, sie sei schon ziemlich erwachsen, dachte ich auch, ich hätte die größte Liebe meines Lebens ever getroffen. Meine Eltern – und vor allem meine Mama – sahen das ziemlich anders. Nicht so sehr die Sache mit dem Denken, erwachsener zu sein, als ich es war. Aber die Sache mit der größten Liebe meines Lebens ever. Und wie es so oft ist, brach über die Frage: Größte Liebe ever oder nicht? ein Streit aus, in dem die Frage schnell zur Nebensache wurde, man sich Dinge sagte, die man später bereut, aber nicht mehr ungesagt machen kann. Bis alle verletzt sind. Und viel mehr Fragen im Raum stehen.

Bis der Raum an ihnen zerbricht. So war es zumindest bei uns. Der Raum zerbrach. Ich packte meine Koffer. Und zog aus. Zur größten Liebe meines Lebens ever.

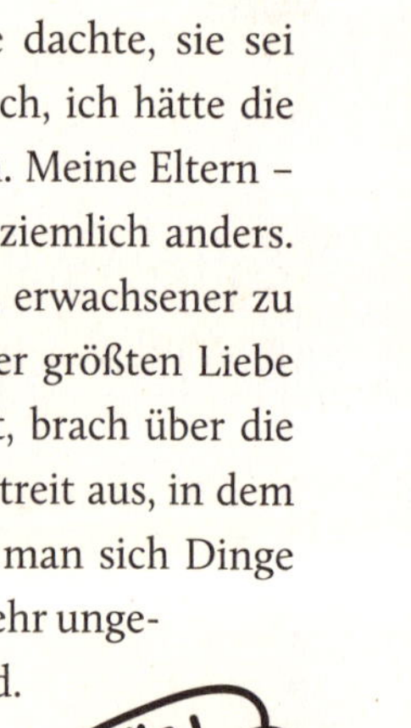

Ich ging weiterhin zur Schule. Und kiffte auf keinen Fall zu viel. Zumindest versuchte ich mir das einzureden. Ich war recht gut darin. Genauso gut, wie darin, mir einzureden, dass ich okay damit war. Okay damit, die Nächte durch zu kellnern und morgens um 06.00 h aufzustehen, zwei Köpfchen zu rauchen und den Abi-Endspurt anzutreten. Okay damit, keinen Kontakt zu meiner Mama zu haben.

Meine Mama war für mich schon immer mehr als eine Mama. Sie war eine Frau, die mich inspiriert hat. Ganz jenseits vom Mama-Dasein. Sie ist eine schlaue, starke und dennoch sehr mitfühlende Frau, die Amy. Eine, die sich nie zu schade war. Anzupacken. Selbst. Unmögliches möglich zu machen. So wie ohne ein Wort Deutsch zu sprechen hier Medizin zu studieren und ganz nebenbei ohne Unterstützung von zu Hause noch zwei Kinder großzuziehen. Ich habe jede Autofahrt, bei der wir alleine waren, genossen, jedes Gespräch mit ihr aufgesogen, ihre Art, durch die Küche zu tanzen und laut französische Lieder zu singen, geerbt.

Manchmal haben wir köstlich mit ihr gelacht. Manchmal über sie. Wenn sie traurig Dinge seufzte wie: »Ach, Marie. Heute komme ich auf keinen grünen Zwerg!« Oder wenn sie auf dem Markt statt Karotten ein Kilo Mösen bestellte. Wir haben eine ganze Sammlung von Sätzen, die unsere witzige französische Mama sagte. Denn, ehrlich gesagt, klangen sie oft viel schöner. Und lyrischer. Aber auf jeden Fall witziger als alles, was andere Mamas so sagten.

Ich habe es geliebt, wie sie morgens roch, wenn sie uns furchtbar früh um 06.00 h Kaffee kochte und Frühstück machte, in ihrem Bademantel. Das war zu Hause. Und das war jetzt weg. Und ich war damit überhaupt nicht okay. Alles andere, das schaffte ich schon. Irgendwie. Aber das. Das war nicht okay. Aber ich tat so. Als ob.

Auch, als ich eines Mittags in der Küche meiner größten Liebe des Lebens ever kochte. Und es an der Tür klopfte. Ich war bereits einige Monate nicht mehr zu Hause. Und auf einmal stand mein Zuhause hier. Vor der Tür. Amy fragte, ob sie reinkommen darf. Ich wusste nicht, was ich sagen sollte. Auch nicht, als wir am Tisch saßen. Und Amy mit Tränen in den Augen sagte: »Marie, ich vermisse dich. Bitte, komm einfach nach Hause.«

Ich saß da und konnte mich nicht bewegen. Es brach mir das Herz, aber ich war doch mit allem okay. Ich hatte so hart an meinem Als ob gearbeitet. Und jetzt war es alles, was ich noch hatte. Und so hörte ich mich selber sagen: »Ich vermisse dich nicht. Ich bin okay. Ich bleibe.«

Stumm liefen Amy einsame Tränen über die Wangen. Und ich sah in ihren Augen: Ich hatte sie zerbrochen. Amy stand auf und ging. Und ich saß da. Und war alles andere als okay.

Aber ich blieb. Noch einige Wochen. Vielleicht auch Monate. Bis kein Joint dieser Welt mein Herz, das immerzu laut schrie: »ALS OB DU OKAY BIST,

MARIE!« mehr zum Schweigen bringen konnte. Und dann. Eines Morgens. Wachte ich auf. Und es war nicht mehr da. Das Als ob. Und ich war allein. Furchtbar allein. Wo geht man hin, wenn man dem einzigen Ort, nach dem man sich sehnt, gesagt hat, alles sei okay? Ein »Alles ist okay«, das alles gebrochen hat. Und dann dieser Scheißstolz. Der einen lähmt.

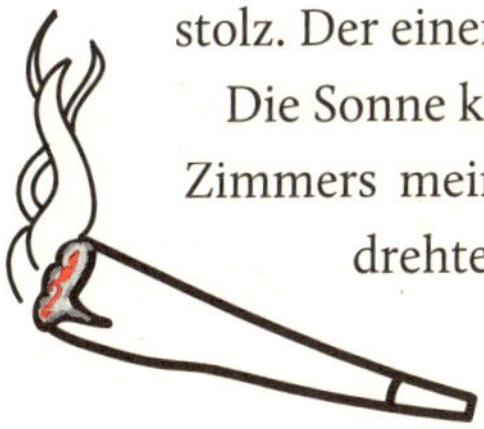

Die Sonne kroch langsam durch das Kellerfenster des Zimmers meiner größten Liebe des Lebens ever. Ich drehte mir eine Tüte. Köpfte ihr wohlgeformtes Ende und atmete ein. Tief.

Aber es war, als würde man sich selbst beim Schummeln erwischen. Ich kam mir so armselig vor wie selten zuvor in meinem Leben. Ich saß fest. Wie in einer Sackgasse. Und bei dem Gedanken musste ich lachen. Ich dachte an Amy. Die mit ihrem süßen französischen Akzent irgendwann mal zu mir gesagt hat:

»Das Leben ist manchmal wie Autofahren. Da fährt man auch mal in eine Sackstraße. Aber darüber darf man sich nicht ärgern. Sonst hat man immer mehr Rücksprung.«

Ich drückte die noch ganz frische Tüte in den Aschenbecher und packte wie wild alle meine Sachen zusammen, während ich mich festklammerte. An Amys Worten: »Marie, ich vermisse dich. Bitte, komm einfach nach Hause.«

Ich weiß, dass ich nie wieder ganz heil machen kann, was ich damals zerbrach. Mit meinem Okay. Dass meine Mama noch immer etwas zerbrochen ist. Aber ich versuche ihn aufzuholen. Meinen Rücksprung. Und wenngleich ich mich sehr weigere, hieraus eines dieser Pseudo-Ratschlag-

Bücher zu machen: Wenn du jemals in einer Sackstraße landest: Ärgere dich nicht zu lang. Scheiß auf den Stolz. Dreh um. Manchmal muss man umkehren. Um anzukommen.

MANCHMAL MUSS MAN
UMKEHREN, UM ANZUKOMMEN.

WUNDER WARTEN NICHT

Ich war eine nicht mehr pubertäre, aber noch nicht wirkliche Frau-Marie, da traf ich Martin. Martin war Barkeeper in einem der drei Clubs in Ravensburg, und das alleine machte ihn in der Stadt, die scheinbar immer schlief, zu einem sehr begehrten jungen Mann. Doch Martin war mehr als der Typ, der einen den ganzen Abend mit gratis Moscow Mule verwöhnte. Denn während er das tat, sah er wirklich unverschämt gut aus. Er war groß. Er hatte breite Schultern, die aber nicht prollig breit waren. Er hatte einen gepflegten und vollen Dreitagebart (zu Zeiten, als andere Jungs noch vergeblich darauf warteten, dass das erste Haar die jungfräuliche Baby-Buben-Haut durchbricht). Er hatte die Lässigkeit eines Surfers, trug stets coole Klamotten, ohne verkleidet zu wirken, fuhr einen alten schwarzen Porsche (so wie später der Hauptdarsteller in Californication) und hatte immer Geld. Wenn wir zusammen durch die Stadt schlenderten, drehten sich Männer nach mir und Frauen nach ihm um, während alte Omas entzückt riefen, was wir doch für ein reizendes Pärchen seien. Er hatte einen sehr schönen Körper, und wir hatten wirklich guten Sex.

Und so hätte ich mir, wie so manche Freundin, nachdem sie Martin zum ersten Mal gesehen hatte, herzlich gratulieren und ihn zu meiner letzten und ever lastenden Beziehung machen können. Wäre da nicht dieser eine perfekte Liebesurlaub in Paris gewesen, den er mir schenkte.

Rückblickend muss ich gestehen: Es gab Anzeichen. Ich hätte sie sehen können. Aber ich wollte wohl nicht.

Anzeichen Nummer 1: Michi und Jana fanden Martin furchtbar.

Anzeichen Nummer 2: Martin hatte mehr Schuhe als ich.

(Wobei das an sich keine Kunst ist. Ich bin wirklich kein Mensch mit vielen Schuhen, und wenn ich irgendwas shoppen gehe, dann Musikinstrumente, oder Kameras, oder geiles Essen – aber bestimmt keine Schuhe!). Und Martin putzte seine Schuhberge – egal, ob dreckig oder nicht – jeden Sonntag.

Anzeichen Nummer 3: Martin brauchte im Bad 2 STUNDEN länger als ich. JEDEN. EINZELNEN. TAG.

Anzeichen Nummer 4: Martin kaufte bei Ikea diese nach Vanille stinkenden Duft-Kerzen.

Anzeichen Nummer 5: Martin nannte mich Baby. Ich

fand Kosenamen ohnehin seltsam. Aber Baby war wirklich der seltsamste von allen. Ich meine, wer sagt Säugling zu jemandem und schläft dabei mit ihm? Das ist wirklich nicht schön!

Anzeichen Nummer 6: Martin war, sagen wir mal, einfach. Zum ersten Mal merkte ich das, als er mich fragte, ob ich für ihn wählen gehen könnte. Er wisse nicht, wie das funktioniert. Außerdem war ja schließlich Sonntag. Und da wolle er lieber seine Schuhe putzen. Das war so ein Moment, wie wenn eine Schallplatte kurz springt, dann aber wieder weiterläuft. Man ist kurz irritiert, weil aber danach alles wieder sauber klingt, singt man weiter mit und wippt im Takt, als wäre nichts gewesen. Leider häuften sich die Sprünge. Und als ich ihn darauf ansprach, lachte er und sagte, ich sei ein typisches Mädchen. Ich solle mir nicht zu viele Gedanken machen über Dinge, die ich nicht verstehen würde. Er sei der Mann, er würde sich schon um mich kümmern, auch wenn ich nicht immer alles verstehen könnte. Das sei normal. Ich muss völlig stoned gewesen sein, dass ich ihm nicht all seine Schuhe an den Kopf geworfen habe. Ich verpasste auf jeden Fall den richtigen Augenblick. Und so saßen wir einige Wochen später in seinem Porsche. Und fuhren nach Paris.

Martin hatte mir die Reise gemeinsam mit einer Eiffelturm-Kette geschenkt, die sehr hässlich war und ein weiteres Anzeichen hätte sein können. Aber hättehättehässlichekette, ich war lang nicht in Paris gewesen und freute mich auf meine zweite Heimat.

Also hatte ich mich artig gefreut und mir die hässliche Kette umgehängt. Auf der Fahrt erzählte mir Martin, er habe alles geplant. Ich müsse mir keine Gedanken machen. Alles sei organisiert. Und ich würde Augen machen. Dann gingen uns die Gesprächsthemen aus, Martin drehte die Musik auf und stupste immer wieder die kleine Diskokugel an, die am Rückspiegel baumelte.

Das Erste, worüber ich mir keine Sorgen machen musste, war das Hotel, das Martin für uns gebucht hatte. Natürlich all-inklusive. Weil, wie er mir vorrechnete, das viel günstiger sei, als in Paris essen zu gehen. Außerdem kenne er die Hotelkette, die seien überall auf der Welt, und er habe die Mitgliedskarte von seinem Papa bekommen. Dafür wartete auf unserem Zimmer eine Flasche Sekt auf uns. Das Zimmer war völlig schwarz und lila eingerichtet, mit einem großen Glastisch und einer Spiegelwand. Martin fand das sehr stylisch. Und sagte, er habe gewusst, dass das seinem Baby gefallen würde. Ich sah mich um und fragte mich, wer ein so unfassbar hässliches Zimmerdesign zu verantworten hatte. Ich meine, es ist ja mehr als nur ein Mensch an so einer Entscheidung beteiligt. Da sitzt ein »Designer« und beschließt, dass schwarz, lila und etwas silber der neueste Shit sind, und übersieht dabei, wie scheiße das aussieht. O.k. Kann mal passieren. Jeder Mensch irrt sich mal. Aber dann malt er das auf (ohne dabei zu merken, wie scheiße es aussieht) – und präsentiert das voller Stolz seinem Chef (der nicht merkt, wie scheiße das aussieht), der das dann wiederum dem Hotelchef präsentiert (der nicht merkt, wie scheiße das aussieht), der gemeinsam mit einem Stab an Beratern (die alle nicht merken, wie scheiße das aussieht) beschließt, sein ganzes Hotel so zu verunstalten (und wahrscheinlich noch einige mehr, weil wenn man schon eine Hotelkette hat, soll die ja durch irgendeine Art Corporate Identity erkennbar zusammengehören, auch wenn das bedeutet, dass jetzt alle Hotels einheitlich scheiße aussehen!), und dann kommt jemand wie Martin daher und bucht das hässliche Zimmer auch noch, sodass niemand merkt, was sie für einen Riesenscheiß designt haben.

Ich wollte mich aber wirklich nicht beschweren. Es war ein Zimmer. Mit einem Bett. Und einem Fenster. Mitten in Paris. Und auf einem – ja, meinetwegen – hässlichen Glastisch stand eine Flasche gekühlter Sekt. Es gab wirklich Schlimmeres!

Wir köpften die Flasche und sprangen etwas angeduselt auf der (sehr hässlichen) schwarzen Satinbettwäsche des Hotelbetts rum, weil man das ja macht, wenn man etwas crazy ist. Dann ließ ich mich fallen und fragte, was jetzt passiert. Wir waren in Paris. Ich wollte raus. Es sehen und leben. »Aber dafür haben wir heute Abend wirklich keine Zeit mehr«, erklärte mir Martin. Erst müsse er sich jetzt mal frisch machen (2 Stunden), und dann habe er uns eine Fuß-Massage bestellt, um mich etwas zu verwöhnen. Dann sei ja schon all inklusive Abendessenbüfett. Und wenn er schon dafür bezahlt habe, dann müsse man das natürlich auch in Anspruch nehmen. Dabei grinste er mich an, als würde er gerade einem etwas dümmlichen Kind erklären, dass Paris die Hauptstadt von Frankreich und nicht von

Italien ist, küsste mich auf die Nase und sprang ins Bad.

Ich zog den hässlichen Vorhang zur Seite, schob mir den hässlichen Tisch zum Fenster und schaute auf die Lichter von Paris, während ich die letzten Tropfen Sekt trank. Und Martin aus dem Bad »I have been looking for freedom« singen hörte.

Ich zog meine Strumpfhose aus und starrte auf meine Füße.

Ich hab kein Problem mit denen. Ich hab auch kein Problem mit anderen Füßen, auch wenn die wirklich nicht das Schönste am Menschen sind. Aber ich finde es wirklich unangenehm, einem anderen Menschen meine Füße entgegenzustrecken, während er unter mir kniet. Das ist irgendwie erniedrigend. Und ich möchte wirklich niemanden erniedrigen. Was soll daran entspannend sein?

Ich ging zu meiner Tasche, holte meinen Kulturbeutel heraus und versuchte wirklich alles dafür zu tun, dass meine Füße die gepflegtesten, saubersten und wohlriechendsten Massageobjekte wurden, die die Welt je gesehen hat. Als Martin strahlend aus dem Bad kam, war ich fertig. Und meine Füße wären bereit gewesen für ein Fotoshooting. Oder so ein Filmchen für Fußfetischisten. Und trotzdem fiel es mir sehr schwer, die Massage zu genießen. Ich dachte die ganze Zeit daran, wie sich meine Massage-Frau wohl fühlt, ob sie abends nach Hause kommt und ihrer Familie erzählt, welche Drecksfüße sie heute wieder kneten musste, während sie eigentlich davon träumt, Ärztin zu werden, und war wirklich froh, als es vorbei war.

Martin strahlte mich an. Küsste mich auf die Nasenspitze und murmelte, er wisse doch, womit er sein Baby glücklich machen kann. Dann zog er mich in den Speisesaal. Ich hatte noch nicht wirklichen Hunger, aber Martin sagte, später seien die besten Plätze schon weg. Und so saßen wir als Erste um Punkt 18.00 h an einem Tisch, der so aussah, als hätte ihn derselbe Designer ausgewählt, der auch unser Zimmer gestaltet hat, und Martin war sehr glücklich. Weil unser Tisch einen kleinen Mülleimer hatte. »Das ist für all die Essensreste, die sonst immer so hässlich auf dem Teller liegen«, erklärte er seinem Baby. Und war sichtbar stolz, dass er mir noch so viel beibringen konnte. Ich versuchte zu lächeln, und weil ich merkte, wie schwer es mir fiel, nahm ich einen sehr großen Schluck Weißwein, der, wie unsere Kellnerin uns erzählte, aus Australien kam.

»Warum zum Fick sitze ich in Frankreich und trinke Wein aus Australien?«, schrie mein französisches Herz, während mir Martin erklärte, er habe diesen Wein für sein Baby bestellt (welcher Säugling trinkt bitte Wein!?!), weil Wein aus Australien besonders gut sei, wegen der vielen Sonne. »Irgendwann können wir ja auch da mal hinreisen«, sagte er. Er sei mit seinen Eltern schon mal in Sydney gewesen, da habe man vom Hotelzimmer (natürlich dieser Hotelkette) einen sehr schönen Blick auf die Oper. Da würde man sich direkt die Tickets sparen, weil ja eh nur das Gebäude schön sei. Die Musik könne man sich ja wirklich sparen. Die kann man ja auch günstiger auf einer CD hören, wenn man das unbedingt will. Ich nahm einen sehr großen Schluck vom australischen Weißwein. Und hatte das Gefühl, dass die Kellnerin mich anlächelte. »Die steht auf mich«, sagte Martin, als er meinen Blick zurückverfolgte. Und schob nach, er würde seinem Baby jetzt zeigen, wie das hier mit dem Büfett funktioniert.

»Was zum Fick ist an einem Büfett nicht zu verstehen?«, schrie mein vom australischen Weißwein inzwischen leicht angetrunkenes französisches Herz, während ich Martin zunickte. Und im Aufstehen mein Herz mit einem weiteren großen Schluck Wein besänftigte.

Das Büfett war groß. Es gab Gerichte aus der ganzen Welt. Pizza. Pasta. Sushi. Sogar Spätzle und Braten. Nur französisches Essen. Das gab es nicht. Martin nahm sich Schnitzel und Pommes. Ich Pasta mit Meeresfrüchten. Martin verdrehte die Augen: »Du weißt doch, dass ich Meeresfrüchte hasse, dann musst du dir aber erst die Zähne putzen, bevor ich dich küsse.«

»Sorry«, murmelte ich, während mein französisches Herz italienische Meeresfrüchtepasta zum Nationalessen ernannte. Beim Essen erzählte mir Martin irgendwelche Dinge, die mich nicht interessierten. Außerdem war ich abgelenkt, weil die Kellnerin immer wieder zu uns schaute. Und mich anstrahlte. Beim Nachtisch eröffnete mir Martin, dass er den morgigen Tag schon organisiert und am

Abend eine ganz besondere Überraschung für mich hatte. Ich war mir nicht sicher, ob ich mich freuen sollte. Und lächelte der Kellnerin zu, als ich mich auf Französisch bei ihr für den Abend bedankte und gleichzeitig entschuldigte. Für das mickrige Trinkgeld, das Martin ihr hingelegt hatte. Ich ärgerte mich richtig, dass ich meinen Geldbeutel nicht mitgenommen hatte. Sonst hätte ich selbst noch was dazugelegt. Auf dem Zimmer schickte mich Martin erst mal zum Zähneputzen, weil er vorher ob der Meeresfrüchte keine Liebe mit mir machen konnte. Und das sei ja in der Stadt der Liebe wirklich zu schade. Mein französisches Herz war zu betrunken, um sich zu beschweren, und so putzte ich meine Zähne und machte in der Stadt der Liebe Liebe mit Martin. Und war etwas irritiert. Weil ich auch dabei immer wieder an die strahlende Kellnerin denken musste.

Am nächsten Morgen brummte mir der Kopf. Aber Martin war gut gelaunt und hatte irgendwoher einen wirklich sehr guten Kaffee für sein Baby besorgt. Das stimmte mich glücklich. Außerdem war heute der Tag, an dem wir nicht nur in Paris waren, sondern Paris auch endlich zu sehen bekommen sollten. Martin wollte mir noch immer nicht verraten, was er für heute geplant hatte. Aber da er schon völlig angezogen war, konnte es ja nur irgendwas mit rausgehen in Paris zu tun haben.

Als wir aus dem Aufzug stiegen und durch die große Tür nach draußen traten, stand da ein roter Bus. So ein Doppeldeckerding. Und in dem Bus viele alte Omas und Opas, ausgestattet mit roten Ferngläsern und roten Hüten. Ich musste lachen, weil das wirklich ziemlich bescheuert aussah. Und Martin lachte auch. »Ich wusste, du würdest dich freuen, Baby«, freute er sich.

Er drückte mich und zog mich in den Bus. Martin ergatterte einen Platz ganz hinten und ließ mich, ganz Gentleman, außen sitzen. Damit ich mehr sehen kann, erklärte er mir. Und setzte mir einen roten Hut auf. Die Tour ist super, erklärte er mir. Ich hab die schon mal mit meinen Eltern gemacht. Geht acht Stunden. Wir sehen alles, was man sehen muss, und wir machen zwischendrin einmal halt, um was zu essen, und einmal, um Fotos am Eiffelturm zu machen. Als er sah, dass ich nicht gerade vor Begeisterung Saltos sprang, sagte er: »Mach dir keine Sorgen. Der Guide spricht super gutes Deutsch. Und ist wirklich witzig!«

Putain! Will der Typ uns verarschen?!, schrie mein französisches Herz. Wir gehen auf eine Oma-Touri-Tour, und der Typ denkt, Französisch sei unser Problem? Als Franzosen?! Und als ob der Guide witzig ist! Das wird furchtbar. Mit Fremdschämen. Und rotem Hut!

Leider sollte mein französisches Herz recht behalten. Es war furchtbar. Und furchtbar lang. Und Martin fand alles furchtbar witzig. Und furchtbar schön. Was alles noch viel furchtbarer machte.

Ich war furchtbar froh, als es vorbei war und der Bus wieder am Hotel vorfuhr. Alle stiegen aus, und ich wollte nichts lieber, als aus dem Bus raus, da sagte unser – sehr gut deutsch sprechender – Guide: »An alle Gäste, die den romantischen Bootsabend des Hotels gebucht haben, bitte bleiben Sie so lange sitzen, bis alle anderen ausgestiegen sind, wir bringen Sie dann direkt im Anschluss zum Treffpunkt.« Einige Omas und Opas um uns herum strahlten sich an, denn offensichtlich hatten sie sich wirklich die volle Ladung Touri-Shit gebucht. Aber damit waren sie nicht allein. Martin drehte sich zu mir. Und strahlte: »Baby, heute Abend wird es romantisch. Wir gehen Boot fahren. Inklusive Abendessen. Und Musik. Jazz, das magst du doch so gerne!«

Ja, Jazz mochte ich wirklich gerne. Und Wasser auch und Abendessen. Vor allem jetzt. Ich hatte tierischen Hunger. Aber ich hatte wirklich das Bedürfnis nach echtem Leben. Echtem Paris. Und das unbestimmte Gefühl, all das nicht an einem vom Hotel veranstalteten romantischen Bootsabend zu bekommen. Aber da sich Martin wirklich sehr viel Mühe mit der Überraschung gegeben hatte, wollte ich sie nicht kaputt machen. Küsste ihn auf die Backe. Und beschloss, dem Abend eine Chance zu geben und mich von seiner Überraschung überraschen zu lassen.

So gab ich dem Abend wirklich eine Chance. Ich gab ihm eine Chance, als wir am Boot ankamen und ich feststellte, dass hier derselbe Innenausstatter am Werk gewesen war wie in unserem Hotel. Ich gab dem Abend eine Chance, als die Jazzband sich als deutscher Alleinunterhalter mit Schlagerliebe entpuppte. Ich gab dem Abend eine Chance, als mir Martin eröffnete, schon vorab für uns bestellt zu haben und es Schnitzel mit Pommes gäbe. Ich gab dem Abend eine Chance, als alle noch vor der Vorspeise und dem Aperitif eine Runde »Tränen lügen nicht« sangen. Ich gab dem Abend eine Chance, als die lächelnde Kellnerin vom letzten Abend uns fragte, ob wir lieber einen französischen oder australischen Wein trinken wollen würden, und Martin: Australisch, bitte! sagte. Ich gab dem Abend eine Chance, als eine Fotografin von Tisch zu Tisch ging, uns aufforderte, unsere Ellenbogen auf den Tisch zu stützen und unsere Hände neben der Kerze aufeinanderzulegen, damit wir ein romantisches Bild von uns als Andenken bekämen. Und ich gab dem Abend auch eine Chance, als Martin dieses Bild in einem Fotorahmen kaufte, der bestimmt von unserem Hotel-Designer gestaltet worden war.

Aber als wir beim Nachtisch und wieder am Anlegehafen angekommen waren und Martin ein Hausboot auslachte, das neben uns anlegte (ein Hausboot, das etwa zwanzig junge Franzosen mit Girlanden geschmückt hatten. Ein Hausboot, auf dem ein Gitarrist im Kerzenschein saß und sang. Ein Hausboot, das ich mit Sehnsucht beobachtet hatte. Und mir heimlich wünschte, mit ihm weiterzufahren), als Martin auf jeden Fall dieses Hausboot auslachte und sagte:

»Siehst du dieses lächerliche Boot. Und diese lächerlichen Leute? Wie sie ihren Wein aus billigen Bechern trinken müssen, während wir hier Champagner schlürfen? Wie sie mit ihrer gebastelten Deko ihr hässliches Schiff verschönern müssen, während wir hier auf unserem Designerboot unser Leben genießen? Siehst du all das, Baby? Das ist wie eine Metapher. Dieses lächerliche Boot, das ist wie ein Ackerweg. Und ich, Baby. Ich bin eine Autobahn. Ich verspreche dir, mich immer um dich zu kümmern. Niemals sollst du auf lächerlichen Ackerwegen wandern müssen. Ich baue dir Asphaltstraßen, Baby. Willst du mich heiraten?«

Da war der Abend für mich gelaufen. Das Problem war nur, für all die Omis und Opis an Bord, war das anscheinend der absolute Höhepunkt. Alle starrten mich erwartungsvoll an. Auch Martin, der inzwischen vor mir kniete und der lächelnden Kellnerin ein Zeichen gab. Sie eilte herbei, überreichte ihm ein silbernes Tablett, worauf eine Rose und ein Ring lagen, und reihte sich ein in die Reihe der mich Anstarrenden. Dabei strahlte sie zum ersten Mal nicht mehr. Sondern sah aus, als wäre ihr sehr schlecht. Und als wäre das ein weiteres Zeichen, fing der Alleinunterhalter an zu singen:

Every night in my dreams,
I see you, I feel you
That is how I know you go on…

Martin strahlte mich an. Denn offensichtlich lief alles wie geplant. Ich saß da. Nahm einen großen Schluck. Erst vom australischen Weißwein. Dann vom Champagner. Und sagte: »Nein. Ich will das nicht. Ich will das wirklich absolut nicht. Ich will nicht dein Baby sein. Und ich will absolut keine Autobahn. Denn weißte was: Wunder warten nicht auf Asphaltstraßen, Baby!«

Dann griff ich zur Champagnerflasche und trank sie in einem Zug aus.

Es war absolut still. Der Alleinunterhalter hatte mitten im Refrain aufgehört zu singen. Und auch sonst sagte keiner was. Nur mein französisches Herz. Das fing leise an zu kichern. Und wurde immer lauter. Es lachte immer doller und prustete irgendwann so schräg, dass ich nicht anders konnte, als mit zu lachen. Ich lachte so sehr, dass ich Tränen weinte. Und während mich die Leute weiterhin völlig entgeistert anschauten, hörte ich, wie neben mir ein Kichern laut wurde. Ich blickte rüber und sah die lachende Kellnerin. Sie kicherte und reichte mir die Hand. Und weil ich wirklich absolut keine Ahnung hatte, was ich jetzt tun sollte, griff ich zu und ließ mich von ihr von Bord ziehen. Auf dem Weg schnappte sie sich zwei Flaschen aus dem Champagnerkühler und sagte, ohne sich zu mir umzudrehen, dass das mit Abstand das Coolste war, was sie seit sehr langer Zeit gesehen hatte, und dass sie Aurelie sei. Sie zog mich kichernd weiter, und so standen wir plötzlich vor dem Hausboot. Aurelie hielt die beiden Champagnerflaschen in die Luft, erklärte den Leuten, was passiert war, und half sich selbst an Bord. Alle beklatschten mich und lachten, wir legten die Leinen los und köpften die Champagnerflaschen. Aurelie wirbelte mich im Kreis, zog mich an sich und küsste mich. Innig. Dann tanzten wir übers Deck, sangen und küssten uns immer wieder. Bis mich der Gitarrist fragte, ob ich nicht noch Lust hätte, mit ihnen weiter auf ein Konzert zu ziehen. Und ich hatte wirklich große Lust. Ich küsste ein letztes Mal Aurelies zarte Lippen, und sie winkte mir lachend hinterher. Ich verbrachte einen Abend, der sich anfühlte, wie Lost in Translation. Und irgendwann landete ich in einem geheimen Club und dann irgendwie auf dessen Dach. Der Türsteher hatte auf eine Leiter gezeigt und mir die beste Aussicht auf Paris versprochen. Er hatte nicht gelogen.

So saß ich da. Sah, wie die Sonne aufging. Über Paris. Und fragte mich, ob es damals vielleicht irgendwen gegeben hatte. Irgendwen, der im Stab um den Hotelchef saß und ganz genau gesehen hatte, wie scheiße alles aussah. Sich aber nicht traute, es zu sagen. Weil es manchmal einfacher war. Nichts zu sagen. So wie es einfacher war, auf Asphaltstraßen zu fahren. Einfacher. Aber wirklich nicht schöner!

POLAROIDMOMENTE

Ich war eine ziemlich jugendliche Marie, da traf ich meine beste Freundin. Wieder. Eigentlich kannte ich sie schon lange. Wir waren zusammen im Kindergarten gewesen. Aber wie das Leben so Leben ist, hatten wir uns dann irgendwie aus den Augen verloren.

Jana war das komplette Gegenteil von mir. Ich war groß, präsent und laut. Jana war zierlich, klein und ruhig. Ihre großen, fragenden Augen steckten hinter einer unmöglichen Brille, und während sie sich mit ihrer Zahnspange rumärgern musste, lief mir wegen all der Allergien ständig die Nase.

Was wir gemeinsam hatten, war die Leidenschaft zu basteln, zu malen und zu bauen. Unser Kindergarten hatte eine kleine Werkstatt – und wir darin unser zweites Zuhause.

Aber das war Jahre her. Und wir inzwischen im Gymnasium. Und da wir nicht mehr jeden Tag gemeinsam bastelten, hatten wir uns irgendwie aus den Augen verloren. Bis ich eines Morgens auf dem Weg zur Schule aus dem Autofenster blickte – und eine junge Frau sah, die bitterlich weinend über die Straße lief. Jana. Es war einer dieser Momente, die sich tief ins Herz bohren. Momente wie Polaroidbilder.

Wir Menschen haben die Angewohnheit, uns von unserer besten Seite zeigen zu wollen. Was auch immer wir darunter verstehen. Wir wollen perfekt sein. Irgendwie. Ich finde, die schönsten Zeilen hierzu schrieb Radiohead:

I want a perfect body
I want a perfect soul
I want you to notice
When I'm not around
You're so fuckin' special
I wish I was special

But I am a creep

Ich kenne das Gefühl. Ich glaube, wir kennen es alle. Und doch lief Jana bitterlich weinend – ohne auch nur eine einzige dieser Tränen zu verstecken – die Straße entlang. Als wäre es das Normalste der Welt. Es war zugleich das Traurigste und Schönste, was ich seit langer Zeit gesehen hatte. Es stach mir ins Herz, und gleichzeitig war ich fasziniert von dieser Ehrlichkeit.

Von da an war Jana wieder ein Teil meines Lebens. Sie und ihre Ehrlichkeit. Ich wünsche wirklich jedem eine Jana im Leben. Einen Menschen, der uns zeigt, dass wir alle perfekt sein wollen, aber gerade das Unperfekte uns ausmacht. Einen Menschen, der weint, wenn ihm danach ist. Und sich traut, zu sagen, dass er perfekt sein will, es aber nicht ist. Ein Mensch, der einem Fragen stellt, weil ihn die Antworten interessieren. Nicht, weil er kluge Fragen stellen will.

Ein Mensch, mit dem man keine Kaugummi-Momente erlebt, die allen ewig und zäh vorkommen, in denen alle so tun, als ob, und sich selbst fühlen wie ein Creep.

Sondern Polaroidmomente. Etwas verschwommen. Unperfekt. Aber die beste Zeit unseres Lebens.

mer '02
ice ice baby
sorry!

READY OR NOT?

Ich war eine mittelkleine Marie. In einem Alter, in dem man sich selbst nicht mehr als klein empfindet und das Nicht-mehr-klein-sein etwas sehr Cooles ist. Da hatte ich mein erstes Mal.

Eine Formulierung, die mir schon damals wesentlich besser gefiel, als »seine Jungfräulichkeit verlieren« – so, als würde man seine Jungfräulichkeit aus Versehen verlieren, wie einen Schlüssel und dann panisch danach suchen, weil der Bus gleich fährt und man noch dringend seine Jungfräulichkeit finden muss, bevor man aus dem Haus kann.

Ich hatte also mein erstes Mal. Es war anders als gedacht. Irgendwie etwas enttäuschend. Und gleichzeitig abenteuerlich. Oder, wie mein damaliger Freund Hanno Hase meinte: widerlich und nuttig. Aber es war MEIN erstes Mal. Und das war es mir wert.

Hanno, mein damaliger Freund, war älter als ich. So viel älter, dass er in seinem Leben bereits einige Erfahrungen ohne mich gesammelt hatte, bevor wir uns kennenlernten. Zum Beispiel war er schon einmal auf einem Gletscher Snowboarden. Außerdem hatte er schon einen Rollerführerschein. Was wirklich unfassbar cool war, wenn man auf dem Land groß wird und einen am Tag gefühlt nur drei Busse aus der Pampa dorthin bringen, wo man sein will. Dann ist ein Freund mit Roller einfach der absolute Jackpot.

Wenn ich mich heute in Berlin aufrege, weil die nächste Bahn erst in VIER MINUTEN kommt, denke ich manchmal an die Zeiten zurück. Wie viele Male bin ich zum Bus gerannt, als ginge es um Leben oder Tod, weil es nur noch diesen einen Bus gab, der entschied, ob man auf die wichtigste Party seines Lebens kam oder nicht. Wie oft hat mich der immer gleiche Busfahrer genervt, weil ich am Anfang des Monats vergessen hatte, meine neue Monatskarte mitzunehmen, obwohl er genau wusste, dass wir alle am Jahresanfang unsere Monatskarten für das gesamte Schuljahr bekamen. Er kannte mich. Und ich ihn. Wir sahen uns jeden einzelnen Tag. Er merkte, wenn ich meine Haare geschnitten hatte, wenn ich sie färbte und wenn ich eine neue Jeans hatte, und trotzdem, wie ein kleines Spiel, jeden Monatsanfang, die Diskussion, es könne ja jeder behaupten, er fahre immer mit diesem Bus.

Ohnehin habe ich gefühlt einen Großteil meiner Jugend mit Bus fahren verbracht. Wenn man jeden Morgen eine halbe Stunde mit dem Bus zur Schule fährt und nach der Schule wieder zurück, dann sind das schon mal mindestens fünf Stunden in der Woche. Das auf ein Schuljahr und auf ein ganzes Gymnasiumleben hochgerechnet – sind ganz genau ... richtig: sehr viele Stunden! Und sämtliche Freizeitaktivitäten sind da noch gar nicht mit dabei. Geigenunterricht. Gesangsunterricht. Chor. Schülermitverwaltung. Theater. Schwimmverein. Und dann noch Partys. Leben. Freunde ... Immer eine halbe Stunde hin. Eine halbe Stunde zurück. Und nachts, wenn der Bus nicht direkt nach Hause fuhr, sondern jedes einzelne Pampa-Dorf in einem großen Bogen vor unserem dran war, sogar fast eine Stunde.

Ich will mich an dieser Stelle gar nicht beschweren. Ich glaube nur, dass Stadtkinder diese Geschichte ohne ausführliche Herleitung nicht ganz nachvollziehen können. Man war ständig abhängig. Vom nichtvorhandenen öffentlichen Verkehr. Oder den Eltern. Und daher ist das keine Metapher, wenn ich sage, Hanno Hase und sein roter Roller waren ein Jackpot. Weil das bedeutete: absolute Freiheit. Zumindest dachte ich das. Bis ich merkte, dass absolute Freiheit bedeutet, von keinem Typen mit rotem Roller abhängig zu sein. Und der Tag, an dem meine beste Freundin Michi mit ihrem kleinen weißen Golf unsere Auffahrt hochfuhr, unser ganz persönlicher Independence Day war.

Bis dahin sollten aber noch einige Jahre vergehen. Und ich einige Erfahrungen machen. Auch diese eine. Die so wichtig erscheint. Wenn man ein mittelkleiner Mensch ist: Das erste Mal. Hanno hatte das schon hinter sich. Und nicht nur an seinem Roller zeigte sich, dass er ein cooler Typ war. Und ich meine jetzt nicht das Cool, das einem Jahre später peinlich ist. Sondern das wirkliche Cool. Denn Hanno drängte mich absolut überhaupt gar nicht, mit ihm zu schlafen. Das sollte eigentlich völlig klar und absolut normal sein, war es aber leider nicht, wie so einige Erfahrungen aus meinem Freundeskreis zeigten.

Wie unfassbar uncool Menschen doch sind, die andere zu Dingen drängen. Wenn du mit so einem Menschen zusammen bist, hau ab. Jetzt. Hör auf zu lesen, pack das Buch, und renn weg. Das ist Kackscheiße.

Hanno auf jeden Fall hat nicht gedrängelt. Im Gegenteil. Er war mega geduldig. Und tat genau das, was in allen Jugendzeitschriften (die ich mir damals nicht kaufen durfte – wofür ich meinen Eltern rückblickend sehr dankbar bin, da die unnötige Taschengeldverschwendung auf solche Rotzblätter definitiv zu den Dingen gehört, die man damals cool fand und heute peinlich) als Traumboy bezeichnet wurde: Er wartete. Und versicherte mir unumgänglich: »Sag mir einfach Bescheid, wenn du so weit bist. Dann führe ich dich zum Essen aus und bette dich danach auf Rosenblättern.«

Wenn ich mit Freundinnen darüber sprach, waren die immer so: »Aaah«. Und

»Oooh«. Und »Wie süüß«. Alle flippten völlig aus, wie toll das doch sei. Nur ich nicht. Ich fand das irgendwie sehr furchtbar.

Ich konnte gar nicht so richtig beschreiben, warum. Und ich hatte auch keine richtige Vorstellung, wie mein erstes Mal sein sollte. Aber so sollte es nicht sein. Ich wollte nicht planen, wann ich bereit bin. Und dann einen Abend lang beim Essen sitzen und unter Kerzenschein und klassischer Musik romantisch darauf warten, entjungfert zu werden. Scheiß auf die Rosenblätter. Wahrscheinlich hätten die sowieso zu irgendeiner bescheuerten allergischen Reaktion bei mir geführt – weil ich ja gefühlt erst mal gegen alles Blühende allergisch bin – und dann wäre ich völlig umsonst den ganzen Abend lang bereit für mein erstes Mal gewesen.

Wie soll man das überhaupt merken, dass man bereit ist? Ist ja nicht so, als gäbe es dafür irgendein Signal. Und was, wenn das falsch war? Dann kann man das ja auch nicht rückgängig machen. So von wegen: »Ah, Entschuldigung, das war eine Fehlermeldung. Bitte, gib mir meine Jungfräulichkeit zurück!« Und selbst wenn. Gehen wir davon aus, man könne merken, man ist bereit. Wie soll das dann funktionieren? Soll ich bei meinem auf die Entjungferung brav wartenden Freund anrufen und sagen: »Hallo. Ich bin's. Ich wäre dann so weit.« Und der Freund so: »Ah. Cool. Ich treffe schon mal alle Vorbereitungen.« Und während er den Tisch reserviert und die potenziell Allergie auslösenden romantischen Rosenblätter auf dem Bett verteilt, geht die weniger romantische Vorbereitung bei mir los. Ganzkörperrasur. Oder lieber doch nicht? Mit welcher Schamhaarfrisur tritt man denn seine Entjungferung an? Und mit welcher Unterwäsche? Was kommt dann über die Schamhaarfrisur und die Unterwäsche drüber? Und was hört man dabei für Musik? *The Final Countdown*? *Ich bin so froh, dass ich ein Mädchen bin*? Diese Vorstellung fand ich einfach absolut gar nicht »Aaah«. Und »Ooh«. Und »Wie süüß«. Und deswegen steckte ich in einem echten Dilemma. Denn es war nun mal so: Ich war noch Jungfrau. Und Hanno nicht. Und er konnte sich sein erstes Mal auch nicht mit Berufung auf irgendeine Fehlermeldung rückerstatten lassen. Und eigentlich machte er ja alles richtig. Aber eigentlich ist immer irgendwie eigentlich scheiße.

Also behielt ich sie erst mal für mich. Meine Jungfräulichkeit. Und hoffte, mir würde irgendetwas einfallen. Aber das tat es nicht. Und so war ich auch immer noch Jungfrau, als ich einige Monate später in den Sommerferien alleine zu einer Segelfreizeit fuhr.

Das mit den Freizeiten war bei mir Tradition. Seitdem ich eine kleine Marie war, ging ich in den Sommerferien zwei Wochen alleine auf eine Jugendfreizeit. Erst direkt bei meinen Eltern um die Ecke. Und dann immer weiter weg. Dieses Jahr sollte es eine zweiwöchige Tour auf einem Dreimaster sein. In der Beschreibung der Freizeit stand irgendwas mit »Bestens geeignet für Naturforscher und Wattliebhaber«, aber auch

»Holland«, und genau so setzte sich dann auch die Reisegruppe zusammen: Zwei Drittel Watt-Würmer-Nerds. Ein Drittel Kiffer. Ich gehörte letzterem Drittel an. Da wir das kleinere Drittel waren, fanden wir uns schnell zusammen. Und diejenigen, die sich innerhalb des Drittels am besten verstanden, auch.

Da waren der blonde Christoph, der – so wie ich – seine Gitarre dabeihatte, weswegen wir beide uns schon an der Bushaltestelle fanden. Alex, dessen Zugehörigkeit zum letzten Drittel relativ einfach an seinen Dreads, seinem Bob Marley Shirt und dem LEGALIZE IT-Aufkleber auf seiner Batik-Tasche zu erkennen war. Lea, die – und ich möchte sie wirklich nicht nur darauf reduzieren, aber sie waren einfach sehr krass auffällig – unfassbar große Brüste hatte (die übrigens nicht nur mir auffielen, sondern auch dem blonden Christoph, weshalb er sich unfassbar sehr krass auffällig schnell in Lea verliebte), und Dave, ein halbschwarzer Hip-Hopper aus Stuttgart, der eine Stimme wie ein Kontrabass hatte. Wir also bildeten relativ schnell eine Art Reisegruppe. Wobei wir uns damals bestimmt eher als Gang bezeichnet hätten. Und als klar war, dass es jeweils Zweierkajüten geben würde und wir noch eine sechste Person brauchten, hatten wir die Qual der Wahl. Denn wir hatten nun mal die einzigen zwei

Gitarren. Und Lea und ich waren die einzigen zwei Frauen im letzten Kiffer-Reise-Drittel. Das waren vier sehr überzeugende Argumente, die machten, dass wir einige Anwärter auf den Schlafplatz hatten. Wir entschieden uns für Nick. Der war unfassbar weiß. Unfassbar hager. Unfassbar still. Und ganz in Schwarz gekleidet. Deswegen war er direkt am Sammelpunkt von zwei rechten Jungs angepöbelt worden, bis Dave ihnen zurief, wenn schon, sollten sie ihn anmachen – er sei schließlich nicht nur schwarz angezogen – oder sich jetzt gefälligst verpissen. Für mich war deswegen völlig klar, dass Nick zu uns gehörte. Für die anderen auch. Wobei ich glaube, dass für Alex mehr zählte, dass Nick eine kleine Pfeife dabeihatte. Aber das ist eine Unterstellung, für die ich keine Beweise habe.

Christoph, Lea, Alex, Dave, Nick, die zwei Gitarren, die Pfeife und ich waren also recht schnell vereint. Lea und ich teilten uns eine Kajüte, Christoph und Dave waren in der anderen, und Alex und Nick bildeten die letzte Kojengemeinschaft.

Und da Lea und Christoph sich oft inniger vereinten als der Rest, hing ich viel mit Dave in unserer Kajüte ab, während wir den beiden Turteltäubchen die Kajüte der Jungs überließen. Wir diskutierten über die Zukunft des deutschen Sprechgesangs, fragten uns, ob es jemals eine Wiedervereinigung der Fugees geben würde, Dave rappte, und ich sang:

Ready Or Not,
Here I Come,
You Can't Hide

Gonna Find You
and Take it Slowly
Ready Or Not,
Here I Come,
You Can't Hide
Gonna Find You
and Make you want
me.

... und wenn es uns drinnen zu doof wurde, gingen wir mit meiner Gitarre hoch an Deck, und während Dave uns Joints drehte, sang ich Bob Dylan, wir teilten uns kaltes Bier, und ich fühlte mich frei. An einem dieser Abende, ich sang gerade:

Go away from my window
Leave at your own chosen speed
I'm not the one you want, babe
I'm not the one you need

You say you're lookin' for someone
Who's never weak, but always strong
To protect you and defend you
Whether you are right or wrong

Someone to open each and every door
But it ain't me, babe
No, no, no, it ain't me, babe
It ain't me you're lookin' for, babe

... fing es plötzlich tierisch an zu stürmen und zu regnen, also packten wir Gitarre und Bier und stürzten klitschnass unter Deck, wo unsere beiden Turteltäubchen immer noch turtelten, weswegen wir in die Mädchenkajüte flüchteten. Wir waren so durchnässt, dass wir uns einfach auszogen. Ohne darüber nachzudenken. Und als wir in Unterwäsche voreinander standen und feststellten, dass er eine Batman Boxershorts und ich ein Batman Panty anhatte, bekamen wir beiden einen derartigen Lachflash, dass wir Pipi in den Augen hatten. Wir lachten, bis mir der Bauch wehtat. Und als wir aufhörten. Und uns kurz in die Augen sahen. Küssten wir uns. Erst vorsichtig. Dann sehr innig. Und dann schliefen wir miteinander. Es tat ein bisschen weh. Und es war einfach viel zu eng in diesen Kajüten und weit entfernt von alledem, was man sich – selbst wenn man sich niemals etwas unter dem ersten Mal vorstellte – vorgestellt hatte. Aber es war echt. Und es war lebendig. Und ohne Rosen. Und Planung. Und bereit oder nicht. Es war spontan. Und es fühlte sich frei an. Und richtig. Und trotzdem war mir zum Heulen zumute. Das ließ ich mir aber nicht anmerken. Ich schlich mich unter dem Vorwand, duschen zu wollen, aus der Kajüte und setzte mich hoch an Deck.

Mitten in den prasselnden Regen. Und weinte. Es war kein dramatisches Schluchzen. Kein bitteres Heulen. Ich saß einfach nur da. Sah zu, wie der Regen auf die Wasseroberfläche prasselte. Und weinte.

Vor lauter Im-Regen-Weinen hatte ich nicht bemerkt, dass Nick sich neben mich gesetzt hatte. Als er sah, dass ich ihn sah, nickte er mir zu. Schob mir ein Bier rüber. Und sagte: »Eigentlich sind wir nicht wirklich von uns enttäuscht. Sondern davon, dass das Bild, das wir von uns hatten, nicht stimmt.« Dann ging er wieder. Es war das einzige Mal, dass Nick überhaupt so richtig etwas gesagt hatte. Deswegen schaute ich ihm etwas verdutzt hinterher. Und sagte erst mal gar nichts.

Ich saß da. Im Regen. Irgendwo in Holland. Auf dem Deck eines Dreimasters. Trank Bier. Hörte den Tropfen dabei zu, wie sie auf die Wasseroberfläche trommelten. Und dachte, dass er schlau war. Der Nick. Denn genau das war es doch. Ich fühlte mich unfassbar gut. Und das passte nicht. Nicht zu der Marie, die ich dachte zu sein. Ich hatte Hanno betrogen. Und das nicht nur ein bisschen. So richtig. Den wartenden Jackpot-Hanno. Der alles richtig machte. Der »Aaah«. Und »Oooh«. Und »Wie süüß« war. Den hatte ich im Urlaub betrogen. Nicht nur mit Küssen. Sondern mit meiner ganzen Jungfräulichkeit. Und als wäre das alles nicht schon genug, fühlte es sich auch noch gut an. Und richtig. Und frei.

Ich hatte immer gedacht, dass ich eine sehr treue Marie wäre. Und niemals nie jemanden betrügen würde. Meine Vorstellungen von Richtig und Falsch waren eben richtig. Und falsch. Und mein Bild von mir völlig klar.

Und jetzt saß ich da. Und merkte, dass es mein Richtig und mein Falsch nicht mehr gab. Dass ich keine treue Marie war und mein Selbstbild Quatsch war. Aber wenn ich nicht die treue Marie war, wer war ich dann? Und wann war ich zu dieser Marie geworden? Ich nahm einen großen Schluck aus der Bierflasche und stellte fest, dass der Regen nicht nur mich, sondern auch das Bier völlig durchtränkt hatte. Scheiß drauf. Ich zog mich aus. Bis auf den Batman Panty – nahm Anlauf – und sprang ins Wasser. Kurz stockte mir vor Kälte der Atem.

Aber während mein Kopf unter Wasser tauchte und mein Körper sich mit Gänsehaut überzog, wurde mir klar, dass ich noch immer die gleiche Marie war wie immer. Die, die sich lebendig fühlt, wenn sie einfach ins Wasser springt. Und im Regen schwimmt. Ergibt doch Sinn, dass die Marie sich furchtbar fühlt, wenn sie ihre Entjungferung auf Rosenblättern planen muss. Ergibt doch Sinn, dass sie lieber spontan ihr erstes Mal hat, als sich nach Vorankündigung vom Jackpot-Hanno romantisch entjungfern zu lassen. Als wäre das ein Geschenk für seine Geduld. Dann war ich eben keine treue Marie. Zumindest nicht treu im klassischen Sinn. Denn ich war ja treu. Nur nicht dem Hanno. Sondern mir.

Es scheint mir wichtig, an dieser Stelle nachklappend darauf hinzuweisen, dass der Moment der Erkenntnis – weit weg von Hanno – im Regen schwimmend deutlich einfacher war als der – vor ihm stehend – im Allgäu. Ohne Regen.

Der Moment, in dem man einem Menschen, den man liebt, in die Augen schaut und sagt: »Ich bin anders, als ich dachte. Und auch anders, als du dachtest. Das tut mir leid. Aber irgendwie auch nicht. Weil es sich richtig anfühlt. Auch wenn ich dir wehtue.« Das ist ein Scheißmoment. Wirklich. Jeder, der sagt, es sei nicht so. Oder mit verklärten Metaphern um die Ecke kommt. Ist ein Arschloch. Es ist einfach nur scheiße. Und fühlt sich scheiße an. Aber es ist wichtig. Denn wenn man ein neues Bild von sich hat, dann ist es nur fair, allen Betroffenen von diesem neuen Bild zu erzählen. Also wenn du mit einem neuen Bild von dir in einer Beziehung, Freundschaft oder was auch immer lebst, in der alle anderen noch ein altes Bild von dir haben, dann klär sie auf. Alles andere ist der wahre Betrug. Auch an dir selbst.

DARF ICH VOR-
STELLEN:
DAS BIN ICH
ALT
neu♡

IMMER WENN ES REGNET

Als ich eine kleine Marie war, ging ich immer zu Fuß in die Schule. Das Dorf war klein. Die Wege kurz. Und für alle war es das Normalste der Welt, mit diesen riesigen Viereck-Rucksäcken, die damals so in waren, durch die Pampa zur Schule zu laufen. Manche Kinder wurden von überfürsorglichen Müttern mit dem Auto gefahren. Oder abgeholt, wenn es zu doll regnete und die kleine Nicole sich einen Schnupfen hätte holen können.

Nicht aber bei uns. Ich war ja nicht aus Zucker, so meine Mama. Und recht hatte sie. Aber manchmal, wenn es richtig mega doll regnete, dann wünschte man sich schon heimlich, wenigstens ein kleines bisschen aus Zucker zu sein.

So wie an diesem einen Tag. Mitten im Juni. Die Schulglocke klingelte und gab dem Himmel ein Bitte-platzen-Sie-jetzt-Zeichen. Und der Himmel tat, wie ihm geheißen, und platzte. Es schüttete so sehr, dass man kaum noch etwas sah. Und dann mischte sich der Donner mit ein. Er war so laut, dass Nicole anfing zu weinen. Und sich kaum traute, zum Auto zu rennen, das natürlich schon am Schultor auf sie wartete.

Na toll. Ich setzte mich auf einen überdachten Fahrradständer. Und versuchte mich zu entscheiden. Denn als Regenerfahrene-Nicht-Zucker-Marie wusste ich, es gibt zwei Möglichkeiten: Sitzen und warten, bis die Geschichte vorbei ist. Oder ganz schnell rennen. Ich war noch mitten im inneren Schere-Stein-Papier-Entscheidungsspiel, als ein lautes Hupen mich hochschrecken ließ.

Da stand tatsächlich mein Papa. Also nicht er direkt. Sondern sein Auto. Und er darin. Ich war so überrascht, dass ich völlig vergaß zu rennen, als ich zu ihm lief.

Als ich gerade ins Auto stieg, donnerte es wie bescheuert. Mein Papa strahlte mich an. Und sagte: »Ich bin gekommen, um dich zu retten, Kleine.«

Ich weiß, das war eigentlich nur ein typischer Papa-Spruch. Aber Jahre später hatte ich ihn immer noch im Ohr. Und er war wie eine Metapher. Nicht für mich. Nicht für meinen Papa. Aber für einen ganz anderen Menschen.

Denn es war nicht der Regen, nicht der Donner, der meinen Papa dazu gebracht hatte, mich abzuholen. Das merkte ich, als er an der Kreuzung nicht rechts abbog, um zu uns nach Hause zu fahren. Sondern links. Richtung Wangen. (Für alle Kenner der Region: Ja, dieses Wangen, wo es die unfassbar tollen Seelen gibt. Für alle Nichtkenner: Nein, Schwaben essen keine menschlichen Seelen, auch wenn man das manchen zutrauen würde. Seelen sind – wie meine Mama es erklären würde – süddeutsche Baguettes. In flach. Außen kross. Innen weich. Und, wie ich finde, mit viel Butter eine ziemlich leckere Sache!) Auf jeden Fall fuhren wir nach Wangen. Und ich ging nicht davon aus, dass Papa Seelen einkaufen wollte. Gleichzeitig grinste er so sehr, dass ich dachte, sein Gesicht zerreißt.

Er saß da. Fuhr durch den Weltuntergang und sagte: nichts.

Dann musste ich das eben übernehmen:

»Kannst du mir vielleicht mal sagen, was los ist?«

»Wir fahren ins Krankenhaus.«

Und dann grinste auch ich. Und schrie ein bisschen laut. Vor Freude.

An dieser Stelle muss ich vielleicht erwähnen, dass meine Mama zu dem Zeitpunkt hochschwanger war. Beziehungsweise, wie Papa mir dann immer noch grinsend mitteilte, eben nicht mehr schwanger war. Stattdessen war jetzt Lena da. Und als ich sie zum ersten Mal in den Arm nahm, wusste ich, warum mein Papa nicht aufhören konnte zu grinsen.

Draußen regnete es noch immer in Strömen. So sehr, dass die Scheiben im Krankenhaus innen beschlugen. Ich hatte diesen kleinen Menschen auf dem Arm. Und in mir hallte Papas Stimme nach: »Ich bin gekommen, um dich zu retten, Kleine.« Wie wenig wusste ich, dass nicht wir sie, sondern sie uns retten würde.

Keine Angst, ich glaube nicht, dass meine kleine Schwester der neue Jesus ist oder so.

Aber wenn jemand das Potenzial dazu hätte, dann sie. Ich kenne niemanden, der die Welt nicht nur retten will, sondern auch alles dafür tut, es zu können. Seitdem sie laufen und sprechen kann, strebt alles in ihr danach. Und ja, das ist ein großes Ziel für einen kleinen Menschen. Und ja, es gab Zeiten, da hat sie sich geschämt. Für ihre Privilegien. Dafür, sich schon als kleines Mädchen für die Welt einsetzen zu wollen, weil sie ja keine andere Sorgen hat. Aber ich habe gesehen, wie aus diesem kleinen Mädchen eine junge Frau geworden ist, die entschieden hat, all ihre Privilegien zu nutzen, um alles zu erlernen, was man braucht, um diese Welt zu retten.

Ist das völlig kitschig? Und utopisch? JA! Aber hey. Sie kam auf die Welt, als der Himmel platzte und Donner die Seelen erschütterte. Natürlich ist sie gekommen, um uns zu retten, Baby. Und wenn auch nur vor dem nächsten Schauer. Und darum denk ich an sie. Immer. Wenn es regnet. (Sorry, Anna!)

ICH BIN GEKOMMEN, UM DIE **WELT** ZU RETTEN – ODER **DICH**!

AUSSENSEITERSWAG

Als ich eigentlich eine kleine Marie war und noch in die Grundschule ging, war ich ziemlich viel. Die Marie, die viel zu groß für ihr Alter war, viel zu laut und viel zu viel sprach und das dann auch noch viel zu hochdeutsch. Was in dem Dorf, in das wir gerade gezogen waren, wie eine Fremdsprache wirkte. Die Marie, die viel zu gute Noten schrieb. Die viel zu bunt und viel zu viel zu viel war. Nur cool, das war ich viel zu wenig. Es gab eigentlich nur eine Person, die uncooler war als ich. Ich möchte seinen richtigen Namen hier lieber nicht nennen, also taufe ich ihn Tim. Tim lebte auf jeden Fall wie viele meiner Klassenkameraden auf einem Bauernhof. Das Problem war nur, dass seine Mutter – sagen wir mal – sehr geruchsunempfindlich war. Und Tims Wäsche immer über der Jauchegrube, also dem »Lacheloch«, direkt neben dem großen Pschüttfass (was, wie ich lernen musste, ein riesiges Ding voller Kuhscheiße ist), zum Trocknen aufhängte. Und so roch Tim dann leider auch, was echt ziemlich uncool war.

Ich roch zwar wirklich gut, dennoch war ich viel zu uncool.

Und weil ich das unbedingt ändern wollte, beschloss ich, einem coolen Trend zu folgen, der darin bestand, beim kleinen Tante-Emma-Laden im Dorf etwas zu klauen. Der etwas verschrobenen alten Frau Wagner Mundspray oder andere völlig unnütze Dinge zu klauen war der ultimative Coolnessbeweis. Daher überwand ich eines Tages meine Angst und betrat den Laden, wild entschlossen, meinem viel zu uncoolen Ruf zu zeigen, was für eine unfassbar coole Sau ich eigentlich war. Das Problem ist nur, ich bin wirklich mit sehr großem Abstand die uncoolste Person ever, wenn es darum geht, jemanden abzuzocken. Ich kann im Dunkeln alleine sein, selbst wenn irgendwelche Geräusche darauf hinweisen, dass ein fünfköpfiges Monster kurz davor ist, meine Seele zu fressen. Ich habe keine Angst davor, lebendig begraben zu werden, und Spinnen tun mir eher leid. Ich meine, stellt euch mal vor, wie sich das anfühlen muss, wenn man völlig entspannt in seinem Fadending abhängt und sein Leben chillt. Und dann kommt ein Mensch um die Ecke, sieht einen und schreit erst mal derbe los. Wenn das jedes Mal passieren würde,

wenn mich jemand sieht, würde ich mir irgendwann schon Gedanken darüber machen, wie ich aussehe.

Aber ich wollte ja eigentlich gar nicht über die Diskriminierung von Spinnen sprechen, sondern über meine armselige Klauerei und die Tatsache, dass meine Angst vor Ungerechtigkeit mir ganz schön im Weg stand, bei meinem Versuch, meine Coolness ein wenig zu pushen.

Dennoch bin ich rein in den Laden, schwitzig und mega aufgeregt. Und klar habe ich mich am Arsch nicht getraut, so ein Mundspray zu klauen.

Ich meine, die stehen direkt neben der Kasse. Ich kann doch da nicht hingehen und direkt neben der alten Frau Wagner ein Mundspray klauen! Da hätte ich ihr genauso gut die Brille von der Nase klauen können oder den Schlüssel aus der Tasche. Das ist doch abartig. Ich meine, wer traut sich so was. Es ist ja nicht so, als hätte die Frau Wagner in jedem Dorf in der Umgebung einen Laden gehabt und mit so einer Frau-Wagner-Laden-Kette mega viel Asche verdient. Frau Wagner hatte halt einfach diesen sehr kleinen einen Laden. In unserem sehr kleinen Dorf. End of fucking Story.

Auf jeden Fall waren die Mundsprays eine Liga zu hoch für die kleine uncoole Marie, die dann erst mal um die Regale geschlichen ist und: nichts gemacht hat. Ehrlich. Ich habe das nicht hinbekommen. Mein Herz war total am

Rumpumpern, und ich kam mir sehr bescheuert vor, als plötzlich Tim in den Laden kam.

Er sah mich, nickte mir zu und ging direkt zu Frau Wagner an die Kasse. Ich war ein bisschen perplex und hatte echt überhaupt keine Ahnung, was er vorhat. Also lugte ich vorsichtig hinter einem Regal hervor und beobachtete die beiden.

Tim quasselte auf die Frau Wagner ein wie ein Bescheuerter. Er erzählte ihr von seiner Mama und von der Schule. Von Kühen und davon, dass er Bauer werden wollte, wenn er groß war. Davon, dass seine Oma auch so eine Brille hätte, wie die Frau Wagner. Vom Wetter und vom neuen Pfarrer im Dorf. Ich stand da und dachte, der spinnt. Was labert der die voll? Und nutzte dennoch den Moment, um in eine Plastikschale mit so Süßigkeiten-Pilzen zu greifen – auch wenn ich die echt überhaupt nicht mochte. Und mich dann damit aus dem Laden zu schleichen, dank Tims Geschichten über was weiß ich alles, völlig unbemerkt.

Draußen angekommen, brach ich erst mal in Schweiß aus. Und dann in Tränen. Den ganzen Nachhauseweg heulte ich wie ein Schlosshund, weil ich ein krass schlechtes Gewissen hatte.

Ich hatte die arme alte Frau Wagner beklaut, um etwas cooler zu sein. Wie scheiße war das denn bitte, eine alte Frau zu beklauen?! Das macht doch keinen cooler! Das ist einfach nur doof. Aber jetzt war es zu spät für schlaue Gedanken. Damit musste ich wohl leben. Auch wenn ich

mir unfassbar gemein vorkam. Und fies. Sodass ich gar nicht mehr aufhören konnte. Mit der Weinerei. Und einfach nur heulte.

Zu Hause angekommen, huschte ich direkt in mein Zimmer, legte die tränendurchtränkten, aufgequollenen klebrigen Bäh-Pilze auf den Schreibtisch und versuchte erst mal irgendwie runterzukommen. Ich musste mir was einfallen lassen! Ich konnte ja nicht für den Rest meines Lebens weiterheulen.

Und während ich noch so voll am Nachdenken war, betrat meine Mutter das Zimmer. Dabei muss man eines über meine Mutter wissen: Sie hat eine Nase, die einfach alles aufspürt. Nicht nur verschimmelte Äpfel und Pausenbrote, auch aufgequollene klebrige Tränen-Pilze – und vor allem: Gefühle. Letzteres klingt jetzt vielleicht ein bisschen schnulzig, ist aber wirklich so. Egal, ob ich log oder verliebt war, meine Mama hat das immer gerochen. Und riecht es noch heute. Irgendwie unheimlich. Aber dann auch wieder ganz gut, wenn man an die Mama vom Tim denkt … na ja. Auf jeden Fall hat Amy sofort gecheckt, was los war, obwohl ich mich gerade wieder gefangen hatte und nicht mehr heulte.

Sie sah mich einfach nur an. Und ich schämte mich so sehr, dass das ganze Geheule natürlich gleich wieder von vorn losging. Und dann versuchte ich ihr unter Tränen und Schnappatmung zu erzählen, was eigentlich los war. Ich erzählte ihr einfach alles. Von der Schule. Und von Tim. Vom Klauen. Und davon, dass ich jetzt ein sehr fieser

Mensch war, aber schon nach einer Lösung suchte. Mir aber nichts einfiel.

Meine Mama sah mich an und hörte mir zu. Sie unterbrach mich nicht. Streichelte mir am Ende übers Haar und sagte, sie habe da eine Lösung.

Das ist auch so eine Sache mit meiner Mama. Ihr fällt ziemlich oft was ein, nur sind das meist die Dinge, die man am wenigsten hören möchte. Die, vor denen man am meisten Angst hat. Und trotzdem hat sie natürlich immer recht, na ja, fast.

Also nahm ich meinen ganzen Mut zusammen, sammelte die inzwischen zu einer rosa Masse verklebten Pilze ein und ging zurück zu Frau Wagner. Und wenn ich vor einer Stunde noch gedacht hatte, dass es das mega krass Aufregendste ever war, die Pilze zu klauen, wurde ich jetzt eines Besseren belehrt. Ich bin vor Aufregung wirklich fast gestorben, als ich die Tür zum Laden aufmachte und zur Kasse ging.

Da saß sie, die alte Frau Wagner und schaute mich mit großen Augen an.

Zu meiner Überraschung fing ich nicht wieder gleich an zu flennen, sondern erzählte ihr die ganze Geschichte. Dass ich sehr uncool sei und dachte, wenn ich was klaue, könnte ich daran vielleicht was ändern. Dass ich Süßigkeiten-Pilze geklaut und dann erst gemerkt hätte, dass mich das noch viel viel uncooler macht. Dass ich mich dafür entschuldigen wollte und ihr die Pilze gerne zurückgeben würde. Auch wenn die jetzt durch meine ganze Heulerei wohl nicht mehr wirklich zum Verkauf geeignet seien. Frau Wagner hatte mir, genauso wie meine Mama, die ganze Zeit zugehört, ohne ein Wort zu sagen. Als ich fertig war, nahm sie mich an der Hand und ging mit mir zum Süßigkeitenregal. Dort angekommen, bat sie mich, meine Hände aufzuhalten, und schüttete mir die ganzen Pilzsüßigkeiten rein.

»Jetzt musst du sie nie mehr klauen, jetzt hast du genug.«

Das war alles, was sie sagte. Dann lächelte sie mir zu und setzte sich wieder an die Kasse. Völlig geflasht, stand ich da, bis ich irgendwann wie ferngesteuert aus dem Laden trottete und auf dem ganzen Weg nach Hause darüber nachdachte, wie unfassbar cool die alte verschrobene Frau Wagner doch war.

An einer Ecke wenige Meter vor unserem Haus stand Tim und fing eine Spinne ein. Ich setzte mich neben ihn und schenkte ihm alle Süßigkeitenpilze. Denn mir war klar geworden, dass der stinkende uncoole Tim die Frau Wagner nicht zufällig vollgelabert hatte. Denn manchmal sind nicht die cool, die denken, dass sie es sind. Sondern die weirden. Die strangen alten Frauen mit weißem Haar. Und die stinkenden Außenseiter. Die, die nicht sagen, dass sie cool sind. Sondern ziemlich coole Dinge tun. Die mit dem Außenseiterswag.

EIN FÜR
AUSSENSEITERSWAGGER

ABENTEUERNAVIMENSCHEN

Ich war eine studierende Marie, als ich mich in einen Menschen verliebte, den ich nie in Echt gesehen hatte. Es war eines der bizarrsten Gefühlsdinge, das ich bisher erlebt habe.

Plattformen, die online Menschen verkuppelten, waren damals noch kein Thema. Und selbst Facebook fing gerade erst an, in Deutschland so ein neues Ding zu werden. Ich erinnere mich noch, als die ersten Menschen fragten, ob man auch auf diesem Facebook sei, obwohl es doch studiVZ und MeinVZ und WasauchimmerVZ gab. Diese VZte, Online-Orte, an denen man sich gruschelte und in Gruppen wie »Was kostet die Welt? Äh, doch so viel? Dann nehm ich ne kleine Cola« zusammenschloss.

Zumindest einige. Ich fand es etwas

albern. Und dennoch sah ich als alte Graffitifrau, die sich inzwischen auf Kunst im öffentlichen Raum spezialisiert hatte, die Chance in diesen öffentlichen Online-Räumen. Vor allem für neuen kreativen Scheiß. Was ich absolut nicht darin sah, war ein Ort, an dem man sich verlieben kann. Und dennoch musste ich mir eines Tages eingestehen, dass ich ziemlich doll verknallt war. In diesen Typen. Aus Köln. Wie genau das alles passierte, ist noch mal eine Geschichte für sich. Aber während man die Geschichte erzählt, wie man seinen Mann kennengelernt hat, gehen die kleinen Dinge, die etwas jenseits des rosaroten Rampenlichts passieren, oft unter.

Man erzählt nicht, wie kritisch das ganze Umfeld war. Wie mein sonst so lässiger Papa auf einmal – jetzt, da ich wirklich eine erwachsene Marie war – sich sorgte, als ich ihm den Entschluss mitteilte, nach Köln zu fahren, um diesen Internetmanu zu treffen. An sich sehr weltoffene Freunde meinten, es sei wahnsinnig gefährlich. Und ich würde bestimmt vergewaltigt werden, sobald ich aus dem Auto stieg. Und andere mutmaßten, dass der Typ ein kleiner dicker, pickliger Zwölfjähriger sein müsse.

Ich habe wirklich keine Ahnung, warum ich mir bei all dem Widerspruch immer zu hunderttausend Prozent sicher war, dass ich diese Reise trotzdem antreten musste. Es stand überhaupt nicht zur Diskussion, dass ich mit meinem Cabrio »Uschi« nach Köln fahren würde. Auch wenn alles in mir flatterte und ich mir vorkam wie ein Teeniemädchen. Vor allem in den Tagen vor dem geplanten Marie-Fährt-mit-Uschi-zum-Internet-Manu-nach-Köln-Wochenende war ich zu wirklich nichts mehr zu gebrauchen.

Ich war so nervös, dass ich sogar rauchte. Obwohl ich das wirklich nicht gerne tat. Aber ich konnte mich daran festhalten. Und am Wein. Und an Sanna. Sanna saß stundenlang mit mir vor ihrem Schallplattenspieler. Hörte sich meine Flatterei an. Drehte mit mir Zigaretten und trank mit mir zu viel Wein, während Bob Dylan sang:

The guilty undertaker sighs,
The lonely organ grinder cries,
The silver saxophones say I should refuse you.
The cracked bells and washed-out horns
Blow into my face with scorn,
But it's not that way,
I wasn't born to lose you.
I want you, I want you,
I want you so bad,
Honey, I want you.

Während alle anderen zweifelten, war Sanna da. Und hielt mich aus. Während ich mich selbst kaum aushielt. Während alle versuchten, mich abzuhalten, war Sanna sich sicher, dass das – egal, mit welchem Ende – eine sehr tolle Geschichte werden würde. Und Geschichtenerzähler und solche, die Geschichten lebten, fanden ohnehin einen Platz in Sannas Herzen. Und so erzählte sie mir die Geschichte von Herman Hesse. Und dem Mann, der sich in einen Stern verliebte. Der jeden Abend auf einen Berg kletterte, um seinem Stern etwas näher zu sein. Bis ihn eines Nachts die Sehnsucht so sehr zerriss, er so sehr mit seinem Stern zusammen sein wollte, dass er Anlauf nahm. Sprang. Und

am Boden zerschmetterte. Weil er in dem Moment, als er absprang, selbst nicht daran glaubte, fliegen zu können.

Und dann war er da. Der Tag, an dem Uschi und ich vom Bodensee unsere Reise nach Köln antreten wollten. Der Tag, an dem, bis zur letzten Sekunde, Papa, Freundinnen und Kommilitonen versuchten, mich davon abzuhalten. Der Tag, an dem mir alle vorwarfen, mich in etwas zu verrennen. Verloren zu sein. In einer Idee. Die nicht mehr war als eine Idee. In meinem Kopf.

Alle. Außer Sanna. Sanna stand mit mir vor der vollgetankten Uschi. Und reichte mir eine Schachtel. »Damit du dich nicht verirrst«, sagte sie. Ich öffnete die Schachtel und fand in ihr ein Navigationssystem.

Ich drückte Sanna wild, montierte den modernen Wegweiser an der Windschutzscheibe und fuhr los. Bob Dylan sang aus den Boxen. Und Sanna winkte im Rückspiegel.

Es gibt im Leben Menschen, die einen davon abhalten wollen, sich zu verirren. Und einem deswegen von Reisen abraten. Von Abenteuern. Und Wahnsinn. Und es gibt jene,

die einem für wahnsinnige Abenteuerreisen ihr Navi leihen. Und auch wenn Sanna und ich zurzeit kaum Kontakt haben, weil das Leben seinen eigenen Wahnsinn plant, sind es genau solche Menschen, die man sich als Reisebegleiter durch diese Welt wünscht. Abenteuernavimenschen.

PLAN
AUTOBAHN
ABENTEUER
ANGST
KONZEPT

NIE WAR MEHR ANFANG ALS JETZT

Ich war inzwischen eine fast erwachsene Marie, da passierte etwas, mit dem wirklich keiner gerechnet hatte. Ich am allerwenigsten. Nach meinen Studien-Ausbildungsreisen in Hamburg und Freiburg ging ich tatsächlich zurück an den Bodensee. Ich war so fucking froh gewesen, als mein Abi vollbracht und ich meine Sachen packen und abhauen konnte, dass ich wirklich niemalsnie daran gedacht hatte, wieder zurück nach Süddeutschland zu kommen. Zumindest nicht länger als ein Wochenend-Besuch bei meinen Eltern.

Aber ich wollte dieses Studium. Ich bekam einen dieser wenigen begehrten Plätze. Dachte, der See wird es retten. Und zog nach Friedrichshafen. Ich wusste, worauf ich mich einließ. Und doch hatte ich vieles einfach verdrängt. Oder wirklich vergessen. Ja, der See machte einiges besser. Und auch die Jazz-Band, die ich mit Kommilitonen gründete (liebste Grüße an dieser Stelle an die Luftschiffkapelle und vor allem an den »Oberkapellmeister-Ich-Fass-Es-Nicht-Ja-Ganz-Toll-Landini«). Aber bald schon hatte ich Sehnsucht. Nach Großstadt. Nach Leben jenseits der Käseglocke. Und freute mich daher wild, dass meine Lieblingsdozentin mir einen Praktikumsplatz in Berlin angeboten hatte. Dort hatte die Uni einen leerstehenden Raum im Flughafen Tempelhof gemietet, der irgendwo zwischen Volksentscheid und Schließung steckte und noch eine Kuratorin suchte. Ich musste wirklich keine Sekunde überlegen, packte meine Koffer und zog direkt an den Ort, an dem meine Seele – weit weg von schwäbischen Kehrwochen – mit ihren Füßen durch die Kotze am Kotti hüpfte.

Es folgte eine aufregende Zeit, zwischen Kunst und Musik, Großstadt und Leere, Nächten, die sich in Eckkneipen verlaufen und vom Sonnenaufgang nicht bremsen lassen.

Der Flughafen wurde immer leerer. Und abends saß ich in diesem archaischen und dennoch so erhabenen Raum, schaute aufs leere Flugfeld und genoss die Weite. Wie auch die Füchse, die mich immer wieder zum Feierabendbier besuchten. Diese Kombination aus Großstadtwahnsinn und Weite. Mittendrin. Machte alles erträglich. Und mir den

Kopf frei. Zum Denken. Und Runterkommen. Mittendrin. Im Punkrock.

Und so beschlossen die Füchse, mein Sterni und ich eines Abends, dass es unfair wäre, diesen Ort für uns zu behalten. Und so wurde der Raum, an dem ich Ausstellungen kuratierte, zu einem Ort der Utopien. Für diesen Ort voller Weite. Mitten in Berlin.

Und wenn es in Berlin etwas gibt, dann sind das Utopisten. Ich lernte viele von ihnen kennen. Und einige lieben. So wie dieses Künstler-Kreativ-Kollektiv, welches auf der anderen Seite des Flugfeldes lebte. Wir utopierten gemeinsam so viel, dass ich irgendwann gar nicht mehr nach Hause ging. Und alles verschwamm. Utopien für das Kollektiv. Utopien für den Tempelhof. Utopien für Neukölln. Berlin. Die Welt und überhaupt.

Die Sache mit den Utopisten ist nur, dass sie vor lauter Utopieren den Realitätssinn verlieren. Und so war es eines Tages Zeit für mich zu gehen. Um ein bisschen Kehrwoche in die Utopien zu bringen. Denn die Füchse, mein Sterni und ich, wir wollten mehr sein als nur Träumer. Zum Abschied malte ich einen Spruch auf die Wand des Utopistenhauses. Dort hinten. Im dritten Hinterhof dieser Straße. Am anderen Ende des Tempelhofs.

Dann zog ich weiter. Und nutzte die Zeit, die mir in Berlin blieb, um die Fuchsträume wahr werden zu lassen.

Niemalsnie hätte ich gedacht, dass dieser gesprayte Spruch eines Tages meinen Ehering schmücken würde.

Zurück am Bodensee, war mir das Herz etwas schwer. Berlinsehnsucht. Der See half mir, die Weite des Tempelhofer Feldes weniger zu missen. Und die Kühe erzählten mir Geschichten von Großstadtfüchsen, die des Nachts Lieder sangen von ihrer Freundin. Die einst mit ihnen Utopien jagte. Ich vermisste den Punkrock. Das Tschüssi von tätowierten Taxifahrern. Und selbst das motzige »Ja klar kannste dit auch ohne Soße und Käse bestellen, junge Frau. Schmeckt dann aber halt scheiße!« vom Kellner meines Lieblingrestaurants fehlte mir sehr.

Und so saß ich in der Mensa. Blickte auf den See. Und bemerkte ihn erst gar nicht so recht. Den Erstsemestler, der sich neben mich setzte und während er aß ein Video auf seinem Laptop sah.

Doch da war etwas, was mich aus meiner Sehnsucht riss. Diese Stimme. Die kannte ich. Ziemlich gut. Das war doch ... MARIAN?! Der Freiburg-Puff-WG-Bademantel-Marian!?!

Ich drehte mich zum bisher Unbeachteten und strahlte ihn an: »Hey, ich bin die Marie. Du kennst Marian? Wie geht es ihm? Was tut er wohl?«

Irritiert sah er mich an. Als hätte ich ihm eben erzählt, dass mein Freund der Fuchs und ich bekennende Utopisten mit Kehrwochenambitionen seien.

»Äh, das ist nicht Marian. Der Typ heißt Piet. Der filmt sich und stellt das ins Internet. Auf studiVZ.«

Ich starrte auf den Bildschirm. Und sah sie sehr groß. In Close. Die Fresse von Marian. Und wusste, dass er vieles war. Aber ein Piet war er nicht. Es sei denn natürlich, das mit der Schauspielerei hatte geklappt. Und Marian spielte einen Typen, der Piet hieß, sich selbst filmte und das auf studiVZ veröffentlichte.

Seit wann konnte man bei studiVZ überhaupt Videos hochladen, statt in Gruschelgruppen Witzsprüche zu posten? Ich war auf jeden Fall gehookt, klappte meinen Laptop auf, fand rasch die »Pietshow« und auch eine ganz normale Profil-Seite, auf der ein Foto von Marian behauptete, ein Foto von Piet zu sein, und Marian behauptete, Piet zu sein, obwohl er Mitglied in Gruppen war, die ich auch Marian zugetraut hätte: »Halb betrunken ist weggeschmissenes Geld«, »Du siehst so aus, als könnte ich einen Drink vertragen!« oder »Das Leben ist kein Ponyhof, ich kann dich aber trotzdem reiten!!!«.

Und ja, da waren tatsächlich auch Videos. Geiler Shit. Endlich waren sie da, die Möglichkeiten, diesen Raum mit mehr als dummen Selfies zu füllen. Die Künstlerin in mir, die diesen öffentlichen neuen Internetraum bespielen wollte, freute sich kurz, und dann sahen wir uns gemeinsam das Video an. Und auf einmal freute sich so ziemlich alles in mir. Über das Leben. Und seine Geschichten. Die einem niemalsnie irgendwer glauben würde.

Denn nicht nur war da einfach mal wirklich der Marian, der sich dabei filmte, wie er mit seinem Freund nach Berlin zog, sich Piet nannte und so sehr war, wie der Marian aus der Puff WG. Mit all seinem asozialen Charme. Die WG, in die er behauptete zu ziehen, war nicht irgendeine WG. Es war das Utopistenhaus.

Da saß ich am Bodensee. Mit meiner Berlinsehnsucht. Und konnte meinem Ex-Ex-Mitbewohner dabei zusehen, wie er in meine Ex-WG zog.

Ich schrieb dem vermeidlichen Piet auf seine Seite, dass er recht habe. Das Leben sei kein Ponyhof, er aber noch immer ein sexistisches Ferkel und das Leben dann doch irgendwie eine Ponyweide. Er solle das Utopistenhaus von mir grüßen. Und das Feld. Dann klappte ich den Rechner zu, ging an den See und freute mich über das Internet. Und über all die Möglichkeiten. Für neuen geilen Scheiß. Der hier auf uns wartetet.

Am nächsten Morgen saß ich mit einem großen Bolle Café au lait am Schreibtisch und klappte den Rechner wieder auf. Und ging auf meine studiVZ-Seite. HOLY FUCKING SHIT! Was war denn bitte da los? Ich weiß nicht, ob irgendwer sich noch erinnern kann – aber damals, auf studiVZ, konnte man auf der Startseite sehen, wer sich die eigene Seite angesehen hatte. Da stand dann, wer einen »kürzlich besucht habe« oder so ein Quatsch. Mich hatten offensichtlich sehr sehr viele Leute kürzlich besucht. Ohne dass ich irgendwen eingeladen hätte. Aufgrund der ganzen Geschichte mit meiner größten Liebe des Lebens ever hatte ich sämtliche Privatsphären-Einstellungen auf allerhöchster Stufe eingestellt. Ich durfte nicht gefunden, nicht vorgeschlagen, nicht gar nichts werden. Und dennoch. Hatten mich mehrere Hundert Menschen kürzlich besucht. Ich war ziemlich pissed. Pickte mir wahllos einen der uneingeladenen Besucher raus und schrieb eine – ich gebe zu – sehr unfreundliche Nachricht mit dem Betreff: »Seltsame Dinge gehen hier vor!«

»Du und weitere Hunderte Menschen waren auf meiner Seite. Wer zum Fick bist du? Und was willst du von mir?!«

Sag ich ja. War wirklich nicht sehr nett. Aber ich hatte meinen Café au lait auch noch nicht getrunken. Und bin vielleicht wirklich etwas reizbar, wenn es um Grenzüberschreitungen geht.

Immer noch sauer, exte ich meinen Bolle. Verbrannte mir die Zunge, beschloss, dass dieser Tag ein ziemliches Arschloch sei und fuhr mit meiner Uschi in die Uni.

Der Tag ging irgendwie vorbei. Wie Arschlöcher eben auch. Und als ich mich abends am Rechner für eine Prüfung im Intranet der Uni anmelden wollte, riskierte ich einen Blick. In den Internet-Ort der ungebetenen Gäste. Und dort wartete neben neuen ungebetenen Gästen, die mich in meiner Abwesenheit besucht hatten, eine Nachricht auf mich. Ich klicke sie an und las.

Re: Seltsame Dinge gehen hier vor
»Sorry. Ich wollte dich nicht ärgern. Ich bin der Regisseur und Autor der Pietshow. Ich hab deinen Post auf der Seite von Piet gesehen. Ich will, ehrlich gesagt, dass die Leute so lang wie möglich denken, dass Marian eben nicht Marian, sondern Piet ist. Und mit deinem Post auf seiner Seite hast du meinen Plan etwas verkackt. Woher kennst du Marian denn?«

Ich starrte auf die Nachricht. Und fand, dass das Leben mal wieder etwas übertrieb. Mit seiner Geschichte. Da zieht nicht nur mein Ex-Ex-Mitbewohner in meine Ex-Wg. Nein. Nein. Das wäre zu wenig, für das Leben. Da setzten wir noch einen drauf und lassen die Marie von vielen Menschen doch zufällig genau den Regisseur und Autor anpimmeln. Ja, das gibt den Aluhütchen-Verschwörungstheoretikern noch ein bisschen Futter. Und genau so was in der Art schrieb ich unter dem Betreff: Re: Re: Seltsame Dinge gehen hier vor. Und lobte den Regisseur-Autoren dafür, offensichtlich ein sehr gutes Casting-Auge zu haben. Weil der

Marian, mit dem ich damals in der Puff-WG in Freiburg wohnte, dem Piet schmerzhaft ähnlich war.

Am nächsten Morgen war ich noch immer belustigt vom Leben. Und seinem Hang zu unglaubwürdigen Geschichten. Während mich die Neugier zum Rechner trieb. Und auf studiVZ. Und tatsächlich. Da war eine neue Nachricht.

Re: Re: Re: Seltsame Dinge gehen hier vor.
»Ja das Leben schreibt Geschichten, die uns Autoren niemand abnehmen würde. Ich danke dir für dein Casting-Lob. Vielleicht magst du dir ja die neue Folge anschauen. Bin gespannt, was die Ex-Ex-Mitbewohnerin der Ex-WG zu alledem sagt.«

Ich schaute auf die Uhr, fand, dass noch genügend Zeit für einen Café au lait und die neue Folge war. (Und lag damit – wie immer, wenn ich emotionale Zeitentscheidungen treffe – natürlich total falsch. Weshalb ich viel zu spät in die Vorlesung kam, aber das wusste ich ja zu dem Zeitpunkt noch nicht.)

Ich kochte mir also einen Kaffee und klickte auf die neue Folge. Und wieder war das Leben ein besonderer Geschichtenerzähler. Denn da war es. Als zentraler Bestandteil der Folge. Mein Hinterhofgraffiti. NIE WAR MEHR ANFANG ALS JETZT. Das machte mir das Herz gleichermaßen schwer und leicht zugleich, und weil ich immer noch fand, dass noch etwas Zeit blieb, bis ich los musste (NICHT!), schrieb ich ein paar wenige Zeilen.

Re: Re: Re: Re: Seltsame Dinge gehen hier vor

»Neue Folge gesehen. Danke, dass du mein Hinterhofgraffiti noch mal ganz groß rausbringst. NIE WAR MEHR ANFANG ALS JETZT!«

Und beim Wort JETZT wurde mir irgendwie klar, dass ich JETZT wirklich sehr dringend los musste.

Dass ich viel zu spät war, nervte zwar den Prof, mir war es aber irgendwie egal. Und das war seltsam. Denn wenngleich ich leider wirklich viel zu oft viel zu spät war, hatte ich mich nie daran gewöhnt. Ich dachte an Berlin, an das Hinterhofgraffiti, an Zufälle und Geschichten. Und daran, dass nie mehr Anfang war als jetzt. Und ich dachte an diesen Typen. Der einer von vielen Hunderten war, die uneingeladen auf meiner Seite auftauchen. Um sich von mir anpissen zu lassen. Und selbst wenn meine Nachricht wirklich erst vor einer Stunde rausgegangen war, überkam mich das große Bedürfnis nachzusehen, ob er vielleicht schon geantwortet hatte.

Verrückt. Es gab sie. Die Zeiten, in denen eine Stunde für eine Antwort utopisch kurz war. Die Zeiten, in denen man nicht sah, ob jemand eine Nachricht gelesen hatte. Ob er online war und trotzdem nicht antwortete. Die Zeiten vor WhatsApp und Co. Zeiten, in denen man sich nicht ärgerte, weil man wartete, sondern im Warten feststellte, dass da etwas war. Auf das es sich zu warten lohnte.

Und tatsächlich. Er hatte geantwortet.

Re: Re: Re: Re: Re: Seltsame Dinge gehen hier vor

»Das ist nicht dein Ernst!? Ich hab die ganze Location

NUR WEGEN DIESEM GRAFFITI ausgesucht. Was ist hier los? Wer bist du!?!«

Und so begann sie. Die Zeit, in der wir uns immer längere Nachrichten schrieben. In der es morgens das Erste war, was ich tat, und abends das Letzte. Wochen vergingen. Und bald auch Monate. Das Jahr ging zu Ende. Und mit dem neuen Jahr kam Facebook. Wir wechselten die Plattform. Blieben der Schreiberei aber treu. Selbst dann, als wir von Facebook auf Skype wechselten. Kein Video. Kein Sprachanruf. Nur Zeilen. Bis ich.

Eines Tages. Beschloss, ihn ohne Vorwarnung aus dem Proberaum anzuskypen. Ich drückte auf den grünen Telefonhörer, hörte, wie er abnahm, und dann. Setzte erst das Piano ein. Und dann ich. Ich sang Sunny.

Sunny,
Yesterday my life was filled with rain.
Sunny,
You smiled at me and really eased the pain.
The dark days are gone,
And the bright days are here,
My Sunny one shines so sincere.
Sunny one so true,
I love you.

Und als ich fertig war, legte ich wieder auf. Der Curser blinkte. Und mein Herz blinkte mit. Ich saß vor meinem Laptop. Und war aufgeregter als vor jedem Date.

Er: »Hast du da eben gesungen?!?«
Ich: »Ja«
Er: ...
Ich: ...
Er: »Ich weiß, das klingt bescheuert. Aber...«
Ich: »Ja?«
Er: »Ich bin in dich verliebt.«

Es blieb das einzige Mal, dass ich den grünen Hörer drückte. Er war in mich verliebt. Und ich in ihn. In einen Menschen, den ich noch nie gesehen hatte. Nie gerochen. Nie berührt. Wir schrieben uns weiter. Verliebten uns immer wilder. Und irgendwann stand sie im Raum. Die Frage, deren Antwort wir kannten. Die aber alles verändern würde. Für immer. Wollen wir uns eigentlich mal sehen?

Es lagen vier Wochen. Zwischen der Antwort. Und dem Wochenende. An dem wir uns verabredet hatten. Bei ihm. In Köln.

Vier Wochen. In denen ich ein wenig ausflippte. Und mein Umfeld mit. Nur eben Sanna nicht. Und meine Mama. Die mit ihrer Spürhundnase ohnehin schon Wochen vor mir festgestellt hatte, dass ich verliebt war. Papa fand, dass das mit diesem Internet ziemlicher Quatsch sei. Und verlieben könne man sich darüber auch nur, wenn man sonst niemanden abbekäme. Was denn mit dem Anton sei, mit dem hätte ich doch eben noch was gehabt. Oder die Lisa. Die war doch auch toll. Und ja, er hatte recht. Noch an Silvester war ich mit Lisa ausgegangen. Es war super. Sie war toll. Wir hatten viel Spaß. Und mochten uns sehr. Aber mehr eben auch nicht. Er wisse ja überhaupt nichts über diesen Typen. »Noch nicht einmal, wie der heißt, weiß ich.«

»Manuel.« Sagte ich. »Manuel Meimberg heißt er. Jetzt weißt du es. Und ich weiß, dass ich da hinfahren werde. Und am meisten Angst macht mir, dass ich weiß, dass ich entweder hinfahre, und alles platzt wie eine Blase. Oder ich bleibe. Für immer.«

Und ich hatte recht. Ich blieb. Für immer. Und zwar wörtlich.

Nachdem ich mit Uschi und Sannas Navi nach Köln gefahren war und vor dem blickdichten Tor seiner Einfahrt stand. Nachdem es sich langsam, wirklich unverschämt langsam öffnete. Nachdem ich erst seine Schuhe und nach und nach den Rest des Beines sah. Nachdem ich innerlich das Tor anschrie, dass wir hier nicht im verfickten Herzblatt-Finale sind. Nachdem ich in seinem Innenhof ganz nah vor ihm stand, ohne ein Wort zu sagen. Nachdem wir dann sehr nervös versuchten, uns über Navigationssysteme zu unterhalten, bis ich ihn fragte, ob wir gerade wirklich über Navis sprachen und er mich küsste. Nachdem das Wochenende vorbei war.

Blieb ich.

Auch nachdem das nächste Wochenende vorbei war.

Und das darauf.

Ich blieb. Und ging nur einmal kurz. Um meine Möbel zu

holen. Die ich dann Tetris-like in seine Wohnung puzzelte, bis wir beschlossen, dass zwischen den Möbeln zu wenig Platz für uns blieb. Und eine neue Wohnung her müsse. Und wenn schon eine neue Wohnung, dann doch gleich eine, die in Berlin steht. Und so zogen wir zurück an den Ort der Utopisten. Ließen uns NIE WAR MEHR ANFANG ALS JETZT in Ringe gravieren. Und sagten Ja. Zu uns. Und dem Glauben, dass man fliegen kann. Wenn man wirklich daran glaubt. Im Moment des Absprungs.

NIE WAR MEHR ANFANG
ALS JETZT

AND NOW WHAT?

Und jetzt? Jetzt sitze ich hier. In unserer Wohnung in Neukölln, die zwischen den Möbeln sehr viel Platz hat. Für uns. Für ein Musikzimmer, in dem meine Gesangskabine auf mich wartet. Für meinen großen alten Schreibtisch, der so gut zu mir war, während ich dieses Buch schrieb. Und für all die Menschen, die mit uns Utopien leben. Viele Menschen aus dem Buch sind noch immer da. Andere gingen. Neue kamen. Und mit ihnen kommen neue Geschichten.

So wie die um das ICH GLAUBE-Lied, das ich für eine Krimi-Serien-Folge, die Manu schrieb, gemeinsam mit Martin Lister komponierte und einsang. Ein Lied, welches unschwer erkennbar von Manus und meiner – beziehungsweise, genauer gesagt, von Hesses Geschichte um die Liebe zu einem Stern – inspiriert ist und völlig überraschend in den Charts landete.

Da schreibt man mal ein deutsches Schnulzenlied, denkt, man bleibt völlig inkognito, und dann so was?! Und dann auch noch mit der Krimi-Geschichte? Ich meine, in der Folge geht es darum, dass die Ermittler eine tote Sängerin finden. In ihrer Gesangskabine. Bevor sie starb, hatte sie dort noch ein Lied aufgenommen: Das letzte Lied (– womit ich erfolgreich den Namen der Folge gedroppt hätte: YAY!). Die Tote heißt Lea Neumann (Funny Insider Fact: während ich beim Singen an meinen Mann dachte, dachte er beim Schreiben an mich und hat die Figur nach mir benannt. Ja, da staunt man erst mal, weil Marie Meimberg und Lea Neumann jetzt nicht sooooo ähnlich klingen. Aber der Familienname meiner wundervollen Mama ist Neumann und mein Zweitname Lea und ha! Da erkennt man, wo der Mann in Gedanken war.) Jetzt könnte man kurz glauben, dass das eine ziemlich süße Geschichte ist, die ganze gegenseitige Aneinanderdenkerei, bis einem einfällt, dass die gute nach mir benannte Lea ja tot ist, und das ganz offensichtlich, weil der Autor – also mein süßer Mann – das so geschrieben hat, und man fragt sich, ob das wirklich so süß ist, wie gedacht.

Aber zurück zur Serien-Geschichte: Lea ist, wie gesagt, tot, und die Ermittler tauchen ein in eine Welt, in der Musikstars ihre Musik nicht selbst schreiben. Die tote Lea war so eine. Nicht eine, die ihre Musik nicht selber schrieb. Sondern so eine, die sie für andere schrieb, die dann so taten, als ob sie die Lieder selbst geschrieben hätten.

In der Folge heißt die, die so tut als ob, Missy Fee, und die leiht sich ganz Milli-Vanilli-like nicht nur die Lieder, sondern auch die Stimme von der dann toten Lea. Wer dann der Mörder ist und warum, schaut ihr euch lieber selber an. Denn mir geht es ja eigentlich um die Geschichte zur Geschichte. Denn während die Serie eine Geschichte von Lea Neumann erzählt, die Songs für Missy Fee schrieb, die sich auch an Leas Stimme bediente, war ich es, die die Lieder schrieb, an denen sich Lea bediente. Und auch die Stimme war von mir. Und so kam, immer wenn Missy Fee sang, die Stimme von Lea Neumann, die wiederum meine Stimme war. Und während das alles nach einer ziemlich absurden Metaebenen-Geschichte des Lebens klingt, endet sie traurig. Nach der Ausstrahlung von der Folge »Das letzte Lied« starb Martin Lister. Mit dem ich nicht nur »Ich glaube« und alle anderen Songs für die Folge geschrieben hatte, sondern auch viele andere Songs. »Ich glaube« sollte wirklich unser letztes Lied sein.

Das Letzte, was Martin jemals zu mir sagte, war, dass ich aufpassen solle. Dass ich mich im Alltag meines Punkrock-Lebens nicht selbst vergesse. Dass ich mir Zeit nehmen müsse. Für mich. Und meine Talente. »Stop wasting your fucking talent!«, sagte er. Und legte lachend auf.

Das sind die Geschichten, die uns mahnen. Und so vermisse ich es schon jetzt. Das Buchschreiben. Während ich die letzten Zeilen tippe. Dieses Buch war eine schöne Blase. Eine Schreibblase, in die ich eintauchte und in der ich eine Zeit lang durch das Punkrock-Leben schwebte. Mein Punkrock-Leben. Das mit blechernen Drums ballert und in dumpfen Bässen wabert. Es hat mich erinnert, den Punkrock zu genießen. Weil er. Und all die Drums. Und Bässe. Das ist der Rhythmus. Meiner Geschichten von morgen.

DANKE!
amy + klaus FÜR ALLES
manu
angela FÜR DIE CHANCE
FÜRS LESEN euch

Schluss mit der Suche nach dem perfekten Leben!

Rebecca Niazi-Shahabi

Scheiß auf die anderen

Sich nicht verbiegen lassen und mehr vom Leben haben

Piper Taschenbuch, 208 Seiten
€ 9,99 [D], € 10,30 [A]*
ISBN 978-3-492-30833-5

Sind Sie ausgeglichen? Führen Sie ein inspirierendes, spannendes Leben? Nein, aber Sie arbeiten daran? Lassen Sie es! Sofort! Lehnen Sie sich zurück, denn ab heute ist Schluss mit dem Selbstfindungszwang. Pfeifen Sie auf Ratschläge, die schwer mit der Realität vereinbar sind, und machen Sie es sich im Wartezimmer des Lebens lieber bequem, als bei der Jagd nach Traumjob und Traumkörper den Spaß komplett zu verpassen. Übernehmen Sie nicht leichtfertig Ideale, die in Wirklichkeit völlig unerreichbar sind. Denn niemand ist glücklicher, beliebter oder spiritueller als Sie selbst – und schon gar nicht jene, die einem ständig erzählen, was man wollen soll.

Leseproben, E-Books und mehr unter www.piper.de

»Dieses Buch wird die Welt verändern.

Oder Sie einfach nur zum Lachen bringen.«

Jan Böhmermann

Hier reinlesen!

Christian Pokerbeats Huber

Fruchtfliegen-dompteur

Geschichten aus dem Leben und andere Irritationen

Piper Taschenbuch, 288 Seiten
€ 9,99 [D], € 10,30 [A]*
ISBN 978-3-492-30791-8

Christians Welt dreht sich ein ganzes Stück zu schnell. Ihm ist schwindelig. Wenn er bei Google »andauerndes Schwindelgefühl« eingibt, ist »Hirntumor, nur noch drei Wochen zu leben« noch eine der optimistischsten Diagnosen. Sein Arzt beschränkt sich allerdings auf den Rat, weniger zu arbeiten, seltener vorm Bildschirm zu sitzen und nicht dauernd auf das Smartphone zu starren. Als Teil der Generation »Ich darf jetzt nicht krank werden« und »Ich melde mich später noch mal« kommt das aber für ihn nicht infrage ...

PIPER

Leseproben, E-Books und mehr unter www.piper.de